ORAÇÕES UMBANDISTAS DE TODOS OS TEMPOS

Compilação de
Ernesto Santana

Coordenação de
Fernandes Portugal

4ª edição
4ª reimpressão

Rio de Janeiro
2021

Produção editorial
Pallas Editora

Coordenação
Fernandes Portugal

Revisão
Marcos Roque
Vanessa Salustiano

Capa e diagramação de miolo
Bruno Cruz

Todos os direitos reservados à Pallas Editora e Distribuidora Ltda. É vetada a reprodução por qualquer meio mecânico, eletrônico, xerográfico etc., sem a permissão por escrito da editora, de parte ou totalidade do material escrito.

CIP-BRASIL. CATALOGAÇAO-NA-FONTE.
SINDICATO NACIONAL DOS EDITORES DE LIVROS, RJ.

C72	Orações umbandistas de todos os tempos / compilação de Ernesto Santana; coordenação de Fernandes Portugal - 4ª ed. - Rio de Janeiro: Pallas, 2013. l04p.: 18cm. ISBN 978-85-347-0365-9 I. Umbanda. 2 Orações. I. Santana, Ernesto.
04-1367	CDD 299.67 CDU 299.6.31

Pallas Editora e Distribuidora Ltda
Rua Frederico de Albuquerque, 56 - Higienópolis
CEP 21050-840 - Rio de Janeiro - RJ
Tel./fax: (021) 2270-0186
www.pallaseditora.com.br
pallas@pallaseditora.com.br

Sumário

Introdução	7
Grandes orações cristãs	9
Principais orações umbandistas	11
Orações a alguns santos católicos	21
Preces aos orixás da umbanda	31
Preces às entidades da umbanda	43
Preces contra inimigos e espíritos perturbadores	57
Preces para rituais e benzeduras	63
Preces de cura	75
Preces para fazer pedidos diversos	87
Orações fortes	91
Preces fúnebres	97

Introdução

Assim como as pessoas, muitas obras também evoluem. Em sua forma original, este livro era uma pequena compilação de orações para finalidades diversas. Passada mais de uma década desde sua publicação, chegou o momento de dar um passo adiante. Feita uma cuidadosa revisão, verificamos que as preces poderiam ser organizadas segundo temas, o que facilitaria a consulta e o uso do material.

Decidimos ainda acrescentar explicações sucintas que, a nosso ver, enriquecem a obra, por oferecerem ao leitor informações sobre as entidades invocadas e as práticas realizadas.

Esperamos que este novo formato agrade aos nossos leitores e que este livro continue cumprindo sua missão de confortar e socorrer todos que a ele recorrem nos momentos de aflição e necessidade.

Os editores

Grandes orações cristãs

Como religião sincrética, que combina, entre outros fortes elementos das religiões dos povos bantos e sudaneses com o catolicismo, a umbanda recorre freqüentemente a orações deste último. É o caso das principais orações cotidianas, recitadas muitas vezes como complemento de uma oração dedicada a um santo, uma benzedura ou outra prática devocional. É por este motivo que essas orações, citadas várias vezes ao longo deste livro, foram reunidas neste primeiro capítulo.

PAI-NOSSO

Pai nosso que estais nos céus, santificado seja o Vosso nome, venha a nós o Vosso reino, seja feita a Vossa vontade, assim na terra como no céu. O pão nosso de cada dia nos dai hoje, perdoai-nos as nossas ofensas assim como nós perdoamos a quem nos tem ofendido, e não nos deixeis cair em tentação, mas livrai-nos do mal. Amém.

AVE-MARIA

Ave, Maria, cheia de graça, o Senhor é convosco, bendita sois Vós entre as mulheres, e bendito é o fruto do Vosso ventre, Jesus. Santa

Maria, Mãe de Deus, rogai por nós, pecadores, agora e na hora da nossa morte. Amém.

CREDO

Creio em Deus Pai todo-poderoso, criador do céu e da terra; e em Jesus Cristo, seu único Filho, nosso Senhor, que foi concebido pelo poder do Espírito Santo; nasceu da Virgem Maria, padeceu sob Pôncio Pilatos, foi crucificado, morto e sepultado; desceu à mansão dos mortos; ressuscitou ao terceiro dia; subiu aos céus e está sentado à direita do Deus Pai todo-poderoso, donde há de vir a julgar os vivos e os mortos. Creio no Espírito Santo, na santa Igreja Católica, na comunhão dos santos, na remissão dos pecados, na ressurreição da carne, na vida eterna. Amém.

SALVE-RAINHA

Salve, Rainha, Mãe de misericórdia, vida, doçura e esperança nossa, salve! A Vós bradamos, os degredados filhos de Eva. A Vós suspiramos, gemendo e chorando neste vale de lágrimas. Eia, pois, advogada nossa, esses Vossos olhos misericordiosos a nós volvei, e depois deste desterro, mostrai-nos Jesus, bendito fruto do Vosso ventre, ó clemente, ó piedosa, doce e sempre Virgem Maria.
Rogai por nós, Santa Mãe de Deus. Para que sejamos dignos das promessas de Cristo.

GLÓRIA AO PAI

Glória ao Pai, ao Filho e ao Espírito Santo. Como era no princípio, agora e sempre. Amém.

Principais orações umbandistas

Aqui estão reunidas algumas orações de uso diário e geral, que devem ser conhecidas e recitadas por todo seguidor da umbanda, pois expressam a essência das crenças desta religião.

CREDO UMBANDISTA

Creio em ti, Pai Oxalá. Creio e enxergo toda esta Natureza de que Vós sois o construtor, e que, em cada átomo, vibra a Vossa existência.

Creio, também, na existência de Vossos mensageiros que vêm transmitir os ensinamentos precisos e nos ensinam onde poderemos encontrar o Vosso templo dentro da própria existência. Creio nos meus protetores (dizer os nomes dos guias), que os mesmos serão pastores do Vosso rebanho, buscando sempre o melhor meio de levarnos à Vossa morada, e bem empregando, os nossos irmãos, os conselhos recebidos. Creio nas Vossas santas leis que regem todos os mundos. Assim seja.

PRECE DE CÁRITAS

Deus, nosso Pai, que sois todo poder e bondade, dai força àquele que passa pela provação, dai luz àquele que procura a verdade, ponde no coração do homem a compaixão e a caridade. Deus! Dai ao viajor a estrela-guia, ao aflito a consolação, ao doente o repouso. Pai, dai ao culpado o arrependimento, ao espírito a verdade, à criança o guia, ao órfão o pai.

Senhor! Que Vossa bondade se estenda sobre tudo o que criastes. Piedade, Senhor, para aqueles que Vos não conhecem, esperança para aqueles que sofrem. Que Vossa bondade permita aos espíritos consoladores derramarem, por toda parte, a paz, a esperança e a fé.

Deus! Um raio, uma faísca de Vosso amor pode abrasar a Terra; deixai-nos beber nas fontes dessa bondade fecunda e infinita, e todas as lágrimas secarão, todas as dores se acalmarão. Um só coração, um só pensamento subirá até Vós, como um grito de reconhecimento e de amor. Como Moisés sobre a montanha, nós Vos esperamos com os braços abertos. Oh, Poder! Oh, Bondade! Oh, Perfeição! E queremos, de alguma sorte, merecer Vossa misericórdia.

Deus! Dai-nos a força de ajudar o progresso, a fim de subirmos até Vós; dai-nos a caridade pura; dai-nos a fé e a razão; dai-nos a simplicidade que fará de nossas almas o espelho onde se deve refletir Vossa imagem.

PRECE AO NOSSO SENHOR DO BONFIM

Meu Senhor do Bonfim, acho-me em tua presença, humilhando-me de todo o coração, para receber de ti todas as graças que me quiseres dispensar.

Perdoa-me, Senhor, todas as faltas que porventura tenha cometido por pensamentos, palavras e obras, e faz-me forte para vencer todas as tentações dos inimigos de minha alma.

Meu Senhor do Bonfim:

Tu, que és o Anjo Consolador de nossas almas, eu te peço e te rogo ajudar-me, nos dias difíceis, e sustentar-me em teu braços fortes e poderosos, para que eu ande em paz contigo e com Deus.

Portanto, meu Senhor do Bonfim, tu que és o santo de maior poder na Terra, livra a minha casa, e as pessoas que a habitam, de todo mal.

Tu, Senhor, és o meu Bom Pastor.

Nada me faltará.

Deita-me em verdes pastos e guia-me por águas tranqüilas.

Assim seja.

PRECE À DIVINA LUZ

Esta prece foi ditada por um espírito em busca de luz interior, e serve para que a pessoa seja iluminada e esclarecida.

Oh, Luz! Oh, Divina Luz! Iluminai o caminho dos servidores do Senhor. Que possam eles ser, para seus irmãos, o anjo consolador a orientá-los. Possa cada seareiro trazer em suas mãos a lâmpada acesa do conhecimento da palavra do Senhor e, em conseqüência, a libertação dos grilhões da ignorância da vida espiritual. Possa a esperança ir gotejando em seus corações desesperançados.
Oh, Luz! Oh, Divina Luz! Espargi os vossos raios benfazejos a toda a humanidade incrédula e materialista, descerrando as trevas. Atuai nos olhos cegos dos teimosos, nos ouvidos surdos dos renitentes, no sentir frio dos egoístas. Iluminai a mente fechada ao entendimento e abri o coração fechado ao sentimento fraterno.
Oh, Luz! Oh, Divina Luz! Envolvei os bons para que prossigam no bem, e os maus para que venham a conhecer o bem. Obrigado por esta luz, Divina Luz, que estás caminhando em direção a mim, pois ouviste a minha prece.
Graças eu dou ao Senhor, usina da Divina Luz, geradora da paz interior que vislumbro, mediante a vontade de ser melhor do que sou. Curvo-me diante desta Luz, Divina Luz, em agradecimento sincero e imorredouro.

ORAÇÃO ÀS SETE LINHAS

Esta prece pode ser recitada como abertura de sessões umbandistas e candomblecistas. Ela invoca os sete orixás que chefiam as sete linhas em que, de acordo com uma das vertentes da tradição, se organizam os espíritos na umbanda: a das legiões de santos e santas dirigidos por Oxalá; a das entidades das águas, governadas por Iemanjá; a das entidades que habitam as pedreiras, chefiadas por Xangô; a dos oguns ligados aos diversos orixás, liderados por Ogum; a dos caboclos e caboclas das matas, cujo chefe é Oxóssi; a dos pretos-velhos, dirigidos por Iorimá (ou, segundo alguns, por São Cipriano): e a das crianças, encabeçada por Ibeji. É importante observar que, de acordo com outra interpretação, que conta com pelo menos tantos seguidores quantos tem essa primeira versão, as crianças constituem uma falange pertencente à linha de Oxalá. A sétima linha é a do Oriente, liderada por São João Batista.

> Oxalá, Mestre Supremo, vós que refletis o princípio criador; que sois o verbo solar, a ciência do verbo sublime; que fazeis a supervisão de todos os orixás na Terra, sendo a Luz do Senhor Deus Pai, a consciência cósmica movedora dos universos, abençoai-nos.
> Iemanjá, Rainha dos Mares, vós que simbolizais em vossas cristalinas águas toda a verdade e pureza dos mundos terrestre e astral, no poderio de vosso reino líquido, símbolo da procriação e da maternidade, valei-nos.
> Xangô, poderoso Orixá da Justiça, da lei correta, do direito aplicado eticamente, dono das pedreiras, raios e trovoadas, juntamente com Iansã, Oxum e Obá, dos locais virgens onde vos encontrais, intercedei por nós.
> Ogum, que sois o orixá das guerras espirituais, do ferro e dos metais, o Senhor das

Batalhas astrais, que atendeis nas lutas relativas às demandas materiais, rogai por nós.
Oxóssi, Rei das Matas, florestas e selvas virgens, caçador de almas perdidas, defensor da flora e da fauna silvestre, que, juntamente com Ossãe, a deusa das ervas medicinais, protegeis a pureza e a essência do ambiente astral de nossas matas, sede por nós.
Iorimá, grandioso chefe da linha de pretos-velhos, ancestrais de nossos escravos humildes, compreensivos e dominadores das curas pelas ervas, simpatias e sábios conselhos reeducativos, aliviai-nos em nossas dores e sofrimentos.
Ibeji, Iori e Erê Superior, que simbolizais a simplicidade, a graça infantil e a inocência das crianças, segundo a orientação do mestre Oxalá, de que "o reino dos Céus pertence aos pequeninos, que são isentos de maldade", ajudai-nos no que for possível.
A todos vós, orixás, guias e protetores, gênios tutelares, anjos de guarda ou entidades que nos dirigis, dando-nos amparo, fé, esperança e proteção, vos pedimos que estejais sempre ao nosso lado, tanto nos momentos de alegria como nos de tristeza, angústia, ansiedade ou sofrimentos físicos e morais, derramando vossas vibrações salutares e benéficas para que, tranqüilos, calmos e esperançosos, possamos estar em sintonia com o Astral Superior, superando as dificuldades e obstáculos surgidos em nossos caminhos, rumo ao topo da escalada espiritual, graças às nossas ações e atividades em que a ca-

ridade pura e simples seja a base de todo nosso merecimento. Amém.

ORAÇÃO AO ANJO DA GUARDA

O anjo da guarda é uma das entidades mais importantes para o seguidor da umbanda. É ele quem o acompanha no dia-a-dia; que o protege contra perigos e inimigos, especialmente contra os malefícios mandados por vias espirituais; que o ilumina e auxilia na realização das tarefas e na vitória sobre os desafios. Ao contrário do anjo católico, espírito de pura luz criado por Deus antes da criação do mundo terrestre, o anjo da guarda na umbanda é um espírito suficientemente desenvolvido para desempenhar essa missão protetora. O vivente se comunica com seu anjo da guarda por meio da oração e da oferenda de uma vela, que deve ser acesa, ao lado de um copo incolor com água pura, pelo menos uma vez por semana, ou sempre que a pessoa sentir necessidade de fazê-lo, seja por estar se sentindo espiritualmente fraca, seja porque vai realizar alguma tarefa que exige uma proteção especial. Ao se acender essa vela, os laços com o anjo da guarda são reforçados e forma-se um círculo de energia protetora em torno do fiel.

> Meu companheiro de todas as horas; amigo de todos os momentos, tanto os de alegria como os de sofrimento; guia meus passos, meus pensamentos e minhas ações; cria em redor de mim um círculo de defesa contra os fluidos, influências ou interferências que possam afetar-me o corpo ou a mente. Ajudando-me também estarás te ajudando, num intercâmbio de amor, de paz e de com-

preensão. Sê meu porta-voz diante de outros espíritos superiores, médicos ou cientistas; professores ou sacerdotes; guias ou amigos, para que me dirijam na solução dos meus problemas físico-espirituais. Agradeço-te sinceramente toda a assistência que me prestaste, toda orientação que imprimiste à minha vida, socorrendo-me nas horas aflitivas, consolando-me nas épocas de amargura e sugerindo-me a prática do amor e da caridade. Que Deus te dê mais luz, força e poder como recompensa pelo esforço, dedicação e afeto que demonstras no cumprimento de tão importante missão.

ORAÇÃO AO ANJO DA GUARDA DE OUTREM

Quando alguém lhe demonstrar inimizade, ou quando seu(sua) companheiro(a), esposo(a) ou qualquer pessoa lhe devotar ódio, ira, rancor, ou outro sentimento negativo, para acalmá-la, acenda uma vela branca para o anjo da guarda dessa pessoa e recite esta oração. Entretanto, membros experientes da religião recomendam que nunca se deve acender essa vela quando a pessoa estiver dormindo, pois isso irá prejudicá-la.

Anjo da guarda de... (dizer o nome da pessoa), aplaca o ódio, a ira ou o rancor do teu protegido, para que não me faça nenhum mal, não me prejudique nem me atormente com suas emoções inferiores, próprias da fraqueza humana. Não sei a causa do seu ressentimento ou do seu furor contra mim. Talvez seja antipatia fútil, de causa desconhecida ou conhecida. Julga ele, por motivos ignorados, seja eu seu inimigo e, por isso ou por outro motivo que não sei bem ao certo, procura descarregar sua tensão emocional contra minha pessoa. Tu que és seu anjo protetor, ajuda-o(a) a vencer essa crise aguda, essa fase negativa. Se for fraqueza de nervos, debilidade mental, antipatia sem motivos ou ira passageira, acalma-o(a), fazendo ver em mim uma pessoa simpática que lhe quer bem, para sermos bons amigos, pois eu preciso dele(a).

Guia e amigo de... (dizer o nome da pessoa), aceita essa vela que te ofereço carinhosamente, como prova de minha confiança e devoção. Que ele(a), ao defrontar-se comigo, o faça com bondade, respeito, amor e simpatia, para que possamos amistosamente realizar nossos objetivos, sem mágoas, rancores ou ressentimentos recíprocos, para o bem de nós dois. Assim seja.

Orações a alguns Santos católicos

O sincretismo religioso fez com que muitos santos católicos fossem adotados pelos fiéis da umbanda, que têm por eles grande devoção. Alguns desses santos são os sincretizados com os orixás africanos; outros são importantes no catolicismo popular, e por isso são conhecidos e venerados em várias religiões.

ORAÇÃO AOS SANTOS CURADORES

A oração aos santos curadores é infalível em casos de doença grave. Eles não desamparam quem a eles recorre. Faça a prece numa igreja, depois de ter acendido velas aos santos que está invocando.

> Aos santos curadores São Sebastião, São Roque, São Lázaro e Santa Luzia, peço que me protejam e me curem dessa doença (dizer qual é o mal).
> Jesus, cura-me, pois és o único que sabes o que é padecer.

ORAÇÃO DE SÃO ROBERTO

São Roberto Belarmino, jesuíta italiano que viveu no século XVI, foi um grande mestre catequista, que pôs sua vasta erudição a serviço da defesa das crenças básicas do catolicismo contra os desvios de qualquer natureza. É dele esta pequena oração que ensina a buscar o apoio da Palavra Divina, registrada pelos Santos Evangelistas, contra as armadilhas do mal.

> O diviníssimo Verbo que tomou forma humana e entre nós habitou, nascendo da puríssima Virgem, pela sua inefável piedade e piedosíssima misericórdia, pela intercessão da Virgem Maria, sua puríssima e imaculada mãe, dos anjos e de todos os santos, principalmente dos apóstolos e evangelistas São João, São Marcos, São Lucas e São Mateus, se digne livrar-nos e conservar livres de toda infestação do demônio e seus ministros. Assim pedimos, Senhor, que como Pai e Espírito Santo reina e vive por todos os séculos dos séculos. Amém.

ORAÇÃO A SÃO JORGE

O Santo Guerreiro viveu no final do século III da Era Cristã. Segundo a tradição, nasceu na Capadócia e tornou-se oficial do exército romano. Ainda muito jovem, converteu-se ao cristianismo e passou a proteger os novos irmãos de fé contra as perseguições de que eram vítimas na época. Por esse motivo, foi pressionado para voltar ao culto dos deuses romanos. Tendo-se recusado a renegar o cristianismo, Jorge foi preso, torturado e decapitado. Dizem as narrativas antigas que sua morte foi cercada de grandes milagres, que provocaram a conversão de muitos romanos. Logo tornou-se objeto de grande devoção na Palestina, e seu culto foi trazido para a Europa pelos soldados da Primeira Cruzada, que contaram com seu auxílio milagroso para conquistar Jerusalém no século XI. Os portugueses o trouxeram para o Brasil, onde ele foi sincretizado aos orixás guerreiros: Ogum no Sudeste e Sul, e Oxóssi no Nordeste. Seu dia votivo é 23 de abril.

Esta é a sua grande oração, que, com algumas variações, é recitada em todo o país para pedir fechamento e proteção do corpo, e abertura dos caminhos.

> Chagas abertas, sagrado coração todo amor e bondade, o sangue do Senhor Jesus Cristo no meu corpo se derrame. Hoje e sempre andarei vestido e armado com as armas de São Jorge, para que meus inimigos, tendo pés não me alcancem, tendo mãos não me peguem, tendo olhos não me enxerguem, e nem em pensamentos eles possam me fazer mal. As armas de fogo o meu corpo não alcançarão, facas e lanças se quebrarão sem ao meu corpo chegar, cordas e correntes se arrebentarão sem o meu corpo amarrar.
> Jesus Cristo me proteja e me defenda, com o poder de sua santa e divina graça; a Virgem Maria de Nazaré me cubra com o seu sagrado e divino manto, protegendo-me em todas as minhas dores e aflições; Deus, com a sua divina misericórdia e grande poder, seja meu defensor contra as maldades e perseguições dos meus inimigos; e o glorioso São Jorge, em nome de Deus, em nome da Virgem Maria de Nazaré, em nome da falange do Divino Espírito Santo, proteja-me com o seu escudo e as suas poderosas armas, defendendo-me, com a sua força e com a sua

grandeza, contra o poder dos meus inimigos carnais e espirituais, e contra todas as suas más influências, e que, debaixo das patas do seu fiel cavalo, os meus inimigos fiquem humildes e submissos, sem se atreverem a ter um olhar sequer que me possa prejudicar. Assim seja, com o poder de Deus e de Jesus e da falange do Espírito Santo.

Rezar em seguida três Pai-Nossos e três Ave-Marias em louvor do glorioso São Jorge.

ORAÇÃO A SÃO COSME E SÃO DAMIÃO

Cosme e Damião eram dois irmãos gêmeos, ambos médicos, que viveram na Síria, no início do século IV. Além de atender gratuitamente os enfermos que os procuravam, os irmãos chamavam a atenção pelos milagres que realizavam, pois não apenas curavam os doentes, mas ressuscitavam os mortos. Como eram cristãos, e viviam em um período em que a perseguição religiosa era muito forte, foram presos, torturados e mortos. Conta sua história que, entre outros suplícios, ambos foram condenados à morte por lapidação, mas as pedras jogadas contra eles voltaram, atingindo quem as jogava. Depois tentaram matá-los a flechadas, mas as flechas também voltaram. Finalmente, foram decapitados.

Por sua atividade profissional, Cosme e Damião foram adotados como patronos dos médicos e farmacêuticos. No Brasil foram sincretizados com Ibeji, o orixá que representa os gêmeos. Desta forma, tornaram-se protetores das crianças, além de serem invocados para auxiliar em casos de doenças graves e incuráveis. Seu dia votivo, no catolicismo (no mundo inteiro), é 26 de setembro mas, para a umbanda, é o dia seguinte, 27 de setembro. Nesse dia, seus muitos devotos costumam pagar promessas de dar doces às crianças e até organizar festas para os santos.

> Deus de bondade e misericórdia, permiti que, pela intercessão dos gloriosíssimos mártires São Cosme e São Damião, e pelos gloriosos martírios por que passaram estes santos, por amor de Nosso Senhor Jesus Cristo, pelos cruéis tormentos que os fizeram sofrer nas mãos e nos pés, pelas cadeias com que os ataram, pelo mar sagrado em que os lançaram, pelo Anjo do Senhor que os livrou de morrerem afogados, pelo cárcere em que os prenderam, pelas cruzes onde os crucificaram, pelas pedras com que os lapidaram, pelas quatorze setas com que os flecharam, pelo precioso sangue que correu de suas cabeças, pela decapitação e pela morte heróica que tiveram, em honra de Jesus Salvador, possamos nós, humildes pecadores, alcançar a glória do Céu. A vós imploramos, oh! gloriosos mártires São Cosme e São Damião, permiti que, pela invocação de vossos nomes e pela veneração de vossas santas relíquias, possamos nos incluir entre a multiplicidade de prodigiosas curas instantâneas de enfermidades graves e desesperadoras que praticastes, como sempre o fizestes em nome do Senhor, tanto assim que, por esses grandes milagres, fostes pela Santa Madre Igreja inscritos na lista daqueles santos cuja invocação é obrigatória para todos os sacerdotes na celebração da missa.

Assim, concedei-nos o dom de merecermos a graça em nosso pedido, e sermos eficazmente assistidos por vós em nossa enfermidade, tanto do corpo como da alma, procurando imitar-vos fielmente nas virtudes de que fostes vivos modelos. Amém.

Rezar em seguida um Pai-Nosso, uma Ave-Maria e um Glória ao Pai.

PRECE A SÃO JOÃO BATISTA

Filho de Isabel e Zacarias, João era primo de Jesus e teve sua vida cercada de milagres. Foi concebido quando seus pais já eram idosos, e o próprio anjo Gabriel, que mais tarde apareceu à Virgem Maria, anunciou sua vinda ao pai. João foi o profeta do cristianismo. Pregava no deserto da Judéia, anunciando a vinda do Reino de Deus e purificando pelas águas os que se dispunham a segui-lo, até o dia em que batizou o próprio Jesus, cuja identidade divina foi revelada nesse momento, pela presença do Espírito Santo sobre sua cabeça. João foi preso por criticar o casamento de Herodes com Herodias, viúva de seu irmão. Segundo a tradição, Herodias exigiu a morte do profeta. Como Herodes hesitou em atendê-la, a mulher ofereceu-lhe a própria filha, Salomé, em troca da cabeça de João, que morreu antes de Jesus.

João Batista não deve ser confundido com João Evangelista, muito mais jovem que ele, discípulo de Jesus que sobreviveu por muitos anos após a morte do Mestre, e que escreveu vários livros do Novo Testamento. A data votiva de São João Batista é 24 de junho, considerada a data de seu nascimento. Como esse dia coincide com a chegada do verão no Hemisfério Norte (e do inverno no

Sul), o santo tornou-se ligado aos trabalhos agrícolas, à fartura e à prosperidade. Sua comemoração tem sempre um caráter de festa da colheita.

Entre os antigos povos da Europa, a festa do início do verão era a data em que os casais contratavam casamento "por um ano", até o próximo verão. Por este motivo, não somente Santo Antônio, mas também São João é considerado capaz de arranjar namorados e casamentos. Esta prece, recitada com fervor, permite ao devoto do santo escolher o companheiro que deseja, qualquer que seja o método de adivinhação empregado, segundo a tradição de se realizarem as "sortes de São João", na noite festiva da véspera de seu dia votivo. Diz ainda a tradição que, nessa festa, quem pisar as brasas da fogueira recitando com muita fé essa oração não sofrerá queimaduras. Entretanto, se a fé não for intensa, manda o bom senso que não se tente fazer isso, sob pena de sofrer graves queimaduras.

> Nesta noite mística, meu São João, em que elevo o meu pensamento para o Alto, peço-te, meu pastor de ovelhas, a tua proteção, a tua ajuda, a tua intercessão para que eu possa demonstrar a minha fé em ti. Permite, santo, que este devoto tenha o teu amparo quando pisar as brasas ardentes; que o fogo não me queime, assim como a iniqüidade que havia no tempo em que viveste não queimou as virtudes que possuías. Assim como a ovelha indefesa encontra guarida em teus braços, quero também encontrar amparo em tua bondade; assim como a ovelha tímida e humilde tem a tua proteção, quero também que sejas o meu pastor.

Meu São João, permite que nesta noite de mistério e poesia eu saiba distinguir ou escolher aquele(a) que será meu (minha) companheiro(a). Assim como arde a fogueira em teu louvor, que também a chama da paixão e do amor queime no coração do eleito(a) de quem eu gostarei, e que pretendo fazer feliz sob a tua proteção.
Noite fria. Fria também é a minha vida; porém, quando invoco o teu bendito nome, a minha fé é quente, e percebo que a minha esperança também se aquece, porque sei que nunca desamparaste uma ovelha tua. Meu São João, quando fito a fogueira em teu louvor, minha súplica é a de que os males que me afligem se tornem cinzas como a sua lenha; que esta prece suba ao céu como a sua fumaça; que o sofrimento que me fustiga se queime nas suas labaredas; que, ao apagar-se, também se extingam o ódio, o ciúme, a inveja, a perseguição, enfim, a maldade de meus adversários, e que, no próximo ano, eu acenda outra fogueira em agradecimento a ti, pela graça que alcançarei ainda neste dia.

ORAÇÃO A SANTA FILOMENA

Filomena, cujo nome significa Filha da Luz, viveu no século III da era cristã. Era filha do rei de um Estado grego, e nasceu graças a um milagre pedido a Jesus, uma vez que sua mãe era estéril. Aos doze anos, entrou para um convento, decidida a ser monja. Pouco tempo depois, o imperador romano Deocleciano declarou guerra a seu pai. Este foi a Roma, com a esposa e a filha, pedir clemência. O imperador impôs, como condição para a paz, casar-se com Filomena, que seria imperatriz. Recusando-se a abandonar os votos religiosos pelas riquezas mundanas, a jovem de treze anos foi torturada e presa em uma masmorra por mais de um mês, mas Nossa Senhora curou seus ferimentos. Vendo isso, o imperador mandou matá-la a flechadas, mas as flechas voltaram. Filomena foi jogada em um rio, mas um anjo a salvou. Então, a moça foi decapitada no dia 10 de agosto. Seu dia votivo é 11 de agosto. Santa Filomena é padroeira dos casos impossíveis. Sua atitude firme contra as tentações temporais faz com que também seja invocada por quem deseja obter auxílio para libertar-se do apego aos bens deste mundo.

> Ó virgem admirável, cheia de firmeza e de constância, que nem as paixões humanas puderam abalar; vós que desprezastes vos assentar sobre o primeiro trono do mundo, e não quisestes reinar com um dos mais poderosos imperadores, para seguir Jesus Cristo que tínheis escolhido para vosso esposo, ó santíssima Filomena, obtende-me a graça de me desapegar também das coisas da terra, para que, tendo eu bastante força para vencer obstáculos e desprezar as vaidades do mundo, possa alcançar, como vós, a bem-aventurança eterna. Amém.

Preces aos orixás da Umbanda

Embora tenham as mesmas raízes africanas dos orixás do candomblé, os orixás da umbanda, também chamados de santos, apresentam traços próprios, decorrentes da união com as crenças católicas. Seu sincretismo com os santos tornou-se um traço fundamental. Na umbanda, os orixás são representados pelas imagens dos santos, adquirem suas virtudes, usam seus símbolos e são venerados em seus dias. Suas orações, em especial os pontos cantados para invocá-las e honrá-los durante as cerimônias religiosas, misturam termos de línguas africanas com frases em português.

PRECE A OXALÁ

Oxalá é o grande Pai de todos os orixás, senhor do céu e da luz. É sincretizado com Jesus sob duas formas: o Senhor do Bonfim, que é Jesus no momento da sua morte na cruz, é a forma como é visto no Nordeste; no Sudeste e Sul, é reverenciado como Menino Jesus. Estão sob seu comando as legiões de santos e santas cuja missão é desfazer malefícios e auxiliar os espíritos em sua evolução. Seus dias votivos, como Senhor do Bonfim, são a Sexta-feira da Paixão e o segundo domingo depois do Dia de Reis (6 de janeiro), quando é feita a tradicional lavagem da escadaria da sua igreja, em Salvador (Bahia). Como Menino Jesus, é festejado no Natal (25 de dezembro). Seu dia da semana é o domingo ou a sexta-feira. Sua cor é o branco e seus símbolos são a pomba e a cruz. Suas oferendas, entregues junto a igrejas, são flores brancas ou roxas (estas para o Senhor do Bonfim), comidas brancas (arroz, canjica), água e mel. Oxalá dá paz, saúde e felicidade.

> Nosso pai bondoso e misericordioso
> Babá Okê, cacubeká...
> Meu pai das colinas,
> Olhai por nós.
> Assim como criastes todos os orixás
> Oxalá-Lufã, Oxala-Guiã,
> Deus eterno e criador do universo celeste,
> Dai-nos a vossa bênção.
> Ó Divino Mestre, deixai-nos apoiar
> Em vosso cajado de esperança,
> Alá, Babá, Orun... Alá, orixá...
> Para que vosso manto sagrado possa proteger-nos
> Com vossas bênçãos e benevolêcias.
> Orixá Babá... Olorun Ifé...
> Exê eú pá Babá...
> Axé Babá!

PRECE A IEMANJÁ

Iemanjá, a Rainha do Mar, é a mãe de todos os orixás, esposa de Oxalá. Na umbanda, governa o Povo das Águas, constituído por sereias, pretas-velhas, caboclas das águas e marinheiros, que protegem mulheres e trabalhadores do mar, além de neutralizar feitiços com a força da água. É a padroeira da família, do lar e das mulheres. Promove a harmonia e o progresso pessoal. É sincretizada com a Virgem Maria sob dois aspectos: no Sudeste e Sul, Nossa Senhora da Glória (15 de agosto); e no Nordeste,

Nossa Senhora dos Navegantes (ou Candelária), festejada no dia 2 de fevereiro. Também recebe oferendas e pedidos de uma grande multidão de fiéis na passagem do Ano-novo, nas praias de todo o país. Seu dia votivo é o sábado. Suas cores são azul-claro e branco. Gosta de ganhar flores brancas, jóias prateadas e objetos de toucador (perfumes, espelhos etc.).

> Poderosa força das águas,
> Inaê, Janaína, Sereia do Mar,
> Saravá, minha mãe Iemanjá!
> Leva para as profundezas do teu mar sagrado
> Odoiá... Todas as minhas desventuras e infortúnios.
> Traz do teu mar todas as forças espirituais,
> Para alento de nossas necessidades.
> Paz, esperança, Odofiabá...
> Saravá, minha mãe Iemanjá!
> Odofiabá...

PRECE A XANGÔ

O orixá dos raios, trovões e meteoritos é um dos filhos de Iemanjá e Oxalá. Como foi um rei justo com os bons e rigoroso com os faltosos, tornou-se, no Brasil, o Advogado dos Pobres: a ele se pede proteção contra grandes dificuldades e a correção de injustiças. Na umbanda, ele usa marrom e é sincretizado principalmente com São Jerônimo (30 de setembro), cuja imagem o representa nos altares. Entretanto, também se manifesta como São Miguel Arcanjo (29 de setembro), São José (19 de março), São João (24 de junho) e São Pedro (29 de junho). O santo chefia uma Linha formada por legiões de caboclos, caboclas e pretos-velhos habitantes das pedreiras, que auxiliam os sofredores e punem os malvados. Seus presentes preferidos, que recebe nas pedreiras, são cravos brancos e amarelos, cerveja preta e charutos. Seu dia votivo mais tradicional é a quarta-feira, mas algumas linhas o reverenciam na quinta-feira, por associá-lo a júpiter, regente desse dia no esoterismo europeu.

Senhor de Oyó,
Pai justiceiro e dos incautos,
Protetor da fé e da harmonia,
Kaô Cabecilê do Trovão.
Kaô Cabecilê da justiça.
Kaô Cabecilê meu pai Xangô,
Morador no alto da pedreira,
Dono de nossos destinos.
Livrai-nos de todos os males,
De todos os inimigos visíveis e invisíveis,
Hoje e sempre, Kaô meu Pai.

ORAÇÃO A XANGÔ

Para obter justiça e proteção.

Kaô, meu Pai, Kaô,
O senhor, que é o Rei da justiça,
faça valer por intermédio
de seus doze ministros a vontade divina.
Purifique minha alma na cachoeira.
Se errei, conceda-me a luz do perdão.
Faça de seu peito largo e forte
meu escudo,
para que os olhos de meus inimigos
não me encontrem.
Empreste-me sua força de guerreiro
para combater a injustiça e a cobiça.

Minha devoção ofereço.
Que seja feita a justiça para todo o sempre.
O senhor é meu Pai e meu defensor.
Conceda-me a graça de receber sua luz
e de merecer sua proteção.
Kaô, meu pai Xangô, Kaô.

PRECE A IANSÃ

Essa filha de Iemanjá e Oxalá, deusa dos ventos e das tempestades, chefia uma legião de caboclas que faz parte da Linha de Xangô, seu esposo. Como ele, é guerreira e justiceira; mas, como mulher vaidosa e sensual, seu principal campo de ação é o dos casos de amor. É sincretizada com Santa Bárbara (4 de dezembro). Suas cores na umbanda são vermelho e amarelo. Ela gosta de ganhar flores vermelhas e amarelas, objetos de toucador e jóias douradas com pedras vermelhas. Seu dia da semana é o mesmo em que Xangô é reverenciado, mas recebe seus presentes em cachoeiras.

Oiá... Oiá... nossos passos
Iansã, deusa máxima do cacurucaia...
Bamburucena, rainha, mãe e protetora
Eparrei nossa mãe divina
Deusa divina dos ventos e das tempestades
Deixai-nos sentir também a tua bonança
Iansã dos relâmpagos
Dai-nos uma faísca da tua graça divina
Eparrei... Eparrei... Oiá...

PRECE A OGUM

Filho de Iemanjá e Oxalá, Ogum é o orixá do ferro e do fogo. De ferro é feita a espada, e com ela o orixá governa as guerras. De ferro são feitas também as ferramentas, e por isso Ogum é patrono dos ferreiros e lavradores. Sua cor original é o azul-marinho dos metais mas, na umbanda, ele adotou o vermelho, que é a cor dos santos guerreiros com quem é sincretizado: São Jorge (23 de abril) no Sudeste e Sul do país, e São Sebastião (20 de janeiro) no Nordeste. Ogum é o Vencedor das Demandas. É ele quem dá coragem e energia para superar obstáculos, vencer desafios e realizar conquistas, além de proteger contra perigos e inimigos da Terra e do Espaço. O santo chefia uma Linha formada por oguns das praias, das matas, dos rios, das ruas, da terra e do céu. Seu dia da semana é a terça-feira ou quinta-feira. Seus presentes preferidos, que recebe na beira de caminhos, estradas e ruas, são velas brancas e vermelhas, charutos, cravos vermelhos e cerveja clara. Esta oração destina-se a pedir ao grande orixá auxílio para seguir por bons caminhos.

> Orixá, protetor, deus das lutas por um ideal,
> abençoai-me, dai-me forças, fé e esperança.
> Senhor Ogum, deus das guerras e das demandas,
> livrai-me dos empecilhos e dos meus inimigos.
> Abençoai-me neste instante e sempre,
> para que as forças do mal não me atinjam.
> Ogum iê, cavaleiro andante dos caminhos
> que percorremos.
> Patacori... Ogum iê...
> Ogum, meu pai, vencedor de demandas...
> Ogum, saravá, Ogum...

PRECE AO PODEROSO ORIXÁ OGUM

Pai, que minhas palavras e pensamentos cheguem até vós, em forma de prece, e que sejam ouvidas. Que esta prece corra mundo e universo, e chegue até os necessitados em forma de conforto para as suas dores. Que corra os quatro cantos da Terra e chegue aos ouvidos dos meus inimigos, em forma de brado de advertência de um filho de Ogum, que sou e nada temo, pois sei que a covardia não muda o destino.

Ogum, padroeiro dos agricultores e lavradores, fazei com que minhas ações sejam sempre férteis como o trigo que cresce e alimenta a humanidade, nas suas ceias espirituais, para que todos saibam que sou teu filho. Ogum, senhor das estradas, fazei de mim um verdadeiro andarilho, que eu seja sempre um fiel caminheiro seguidor do teu exército, e que nas minhas caminhadas só haja vitórias. Que, mesmo quando aparentemente derrotado, eu seja um vitorioso, pois nós, os vossos filhos, não conhecemos derrota, porque sendo o senhor o Deus da Guerra, nós vossos filhos conhecemos a luta, como esta que travo agora, embora sabendo que é só o começo, mas tendo o senhor como meu pai, minha vitória será certa. Ogum, meu grande pai e protetor, fazei com que o meu dia de amanhã seja tão bom como o de ontem e hoje, que minhas estradas sejam sempre abertas, que no meu jardim só haja flores, que meus pensamentos sejam sempre

bons e que aqueles que me procuram consigam sempre remédio para seus males.
Ogum, vencedor de demandas, que todos aqueles que cruzarem a minha estrada, cruzem com o propósito de engrandecer cada vez mais a Ordem dos Cavaleiros de Ogum. Pai, dai luz aos meus inimigos, pois eles me perseguem porque vivem nas trevas, e na realidade só perseguem a luz que vós me destes.
Senhor, livrai-me das pragas, das doenças, das pestes, dos olhos-grandes, da inveja, das mentiras e da vaidade que só leva à destruição.
E que todos aqueles que ouvirem esta prece, e também aqueles que a tiverem em seu poder, estejam livres das maldades do mundo.
Ogum Vê! Saravá Ogum! Axé, axé, axé!

PRECE A OXÓSSI

Esse jovem filho de Iemanjá e Oxalá é o caçador que garante o alimento para a família, mas que também protege os animais da floresta contra os que desejam matá-los sem necessidade. Por isso, na umbanda ele é o Rei das Matas e o chefe de todos os caboclos, os espíritos que habitam as florestas. O grande orixá vive em Aruanda, o reino mítico de onde vêm os espíritos e deuses africanos, e para onde vão as almas que se reúnem aos seus ancestrais. Oxóssi é sincretizado no Sul e Sudeste com São Sebastião (20 de janeiro) e, no Nordeste, com São Jorge (23 de abril). Sua cor é o verde. Na quinta-feira, que é seu dia votivo, recebe nas matas seus presentes favoritos, que são charutos, velas, folhagens e frutas. Oxóssi é bom e cuida bem de seus filhos, protegendo-os contra inimigos, perigos e malefícios, além de garantir que sempre tenham alimento. Entretanto, é muito rigoroso e nunca esquece um erro ou uma ofensa. Quem transgride suas regras de respeito aos seres vivos e à natureza, cedo ou tarde será alvo do rigor do seu castigo.

> Okê... Okê, cavaleiro de Aruanda
> Okê... Rei dos Caboclos e das Matas
> Senhor Oxóssi, que as suas matas
> possam estar repletas
> de paz, harmonia e bem-aventurança.
> Meu pai Oxóssi, Rei dos Caçadores,
> não permita que eu me torne
> uma presa dos malefícios
> nem dos meus inimigos.
> Okê, Okê, meu pai Oxóssi,
> Rei das Matas de Aruanda.
> Okê Arô!

PRECE A OXUM

A doce deusa das águas doces, filha de Iemanjá e Oxalá, é a padroeira da maternidade e dos bebês, da beleza, do amor e da prosperidade. Na umbanda, chefia a legião das sereias, que pertence à Linha de Iemanjá. É sincretizada com Nossa Senhora da Conceição (8 de dezembro). Sua cor, na umbanda, é o azul-claro. Seu dia da semana é o sábado. Seus presentes, que recebe na beira dos rios, são flores brancas e objetos de toucador.

> Canto sereno que assobia nos regatos,
> Lagos e cachoeiras ...
> Senhora faceira de beleza e ternura,
> Protetora das crianças
> E de todos os que necessitam de tua graça,
> Mamãe Oxum, deusa formosa dos rios,

Mãe das águas doces,
Acolhe-nos em teu seio,
Proporciona-nos paz e alegria.
Saravá Mamãe Oxum...
Ora... iê... iê...

PRECE A OBALUAIÊ-OMULU

Filho de Nanã, Omulu é o orixá da terra e das doenças. Também é chamado Atotô, termo derivado de sua saudação no candomblé, e Obaluaiê, que é o nome dado a seu aspecto jovem. Perigoso e temido, não costuma ser invocado na umbanda: seu culto ocorre na quimbanda. Chefia a Linha de Atotô, formada por legiões de espíritos dos cemitérios, cuja grande força é a magia. Como domina a doença e a morte, Omulu é considerado o Médico dos Pobres. A ele pedimos proteção e auxílio, especialmente em caso de doença grave, com risco de vida, e quando a mesma é causada por malefícios enviados por meios mágicos e envolvendo as forças da morte. Suas cores são preto e branco; seu dia da semana é a segunda-feira ou a sexta-feira. Para ele oferecem-se velas e charutos no cruzeiro do cemitério. É sincretizado com São Roque (16 de agosto) e São Lázaro (17 de dezembro).

Dominador das epidemias,
De todas as doenças e da peste,
Omulu, Senhor da Terra,
Obaluaiê, meu pai eterno,
Dai-nos saúde para a nossa mente,
Dai-nos saúde para o nosso corpo.
Reforçai e revigorai nossos espíritos
Para que possamos enfrentar
Todos os males e infortúnios da matéria.

Atotô, meu Obaluaiê...
Atotô, meu velho pai...
Atotô, rei da terra...
Atotô babá...

PRECE A NANÃ BURUQUÊ

A mais idosa das mães-d'água vindas da África originalmente governava o mundo dos mortos, sendo a deusa do lodo e da chuva. No Brasil, por ser muito mais antiga que os outros deuses, passou a ser vista como a avó dos outros orixás e, por extensão, uma espécie de vovó benevolente, boa conselheira, mas austera e disciplinadora, que está pronta para ajudar seus fiéis, protegendo contra malefícios e perigos diversos. Na umbanda, foi sincretizada com Santa Ana (26 de julho). Chefia uma legião de pretas-velhas pertencente à Linha de Iemanjá. Sua cor é o roxo e seu dia da semana é o sábado. Recebe flores roxas na beira da praia.

> Mãe protetora de todos nós,
> Senhora das águas opulentas,
> Deusa das chuvas benévolas,
> deixa cair sobre nós a chuva divina
> Da tua bondade fecunda e infinita.
> Salubá, Nanã Buruquê.
> Purifica com tuas forças nossa atmosfera,
> Para que possamos ser envolvidos
> Pelos teus olhos maravilhosos.
> Salubá, Nanã Buruquê... Salubá...

Preces às entidades da Umbanda

Além dos orixás vindos da África, a umbanda cultua muitas entidades, espíritos evoluídos ou em evolução, que desempenham a missão de guiar e auxiliar os viventes. Essas entidades se apresentam com características que permitem aos fiéis identificá-los facilmente, embora essas características não correspondam necessariamente ao que elas realmente foram enquanto encarnadas. É por isso que as entidades da umbanda se agrupam em diferentes povos: o Povo da Rua, que reúne exus e pombagiras; o Povo da Mata, constituído pelos caboclos; o Povo d'Água, formado por espíritos ligados aos mares e rios; o Povo da África, que inclui os pretos e pretas-velhas, espíritos dos antigos escravos; o Povo do Cemitério, cujos componentes são as almas dos mortos em geral; a Beijada, que engloba as crianças; e o Povo do Oriente, que são os magos e sábios do mundo inteiro.

PRECE A EXU

Em sua forma original, Exu é um orixá, filho mais velho de Iemanjá e Oxalá, muito brincalhão, cuja função é ser mensageiro dos deuses. No Brasil, foi confundido com o diabo cristão e desdobrou-se em muitos exus, espíritos que servem aos orixás e que vivem nas ruas e nos cemitérios, trabalhando com magia. Na quimbanda,

Exu-Rei chefia o Povo da Rua, dividido em sete legiões de exus e pombagiras, cada uma subordinada a uma das linhas da umbanda. Suas cores são preto e vermelho; essas entidades também gostam de adereços dourados. Seu dia da semana é a segunda-feira. Os exus abrem os caminhos para todas as questões relacionadas a trabalho, negócios, dinheiro, enfim, tudo que se passa fora de casa, além de dar firmeza e segurança para a casa ou a empresa do fiel; recebem charutos, moedas e cachaça. Os presentes para o Povo da Rua são sempre entregues em uma encruzilhada.

> Rei das sete encruzilhadas,
> Senhor de todos os domínios,
> Espírito das ruas e encruzilhadas,
> Abra os meus caminhos,
> Em nome de Ogum Senhor das Estradas.
> Exus e Pombagiras, Lebarás, Voduns,
> Não permitam que mal algum possa atingir-me,
> Neste instante e sempre.
> Laroiê...
> Todos os Exus protejam-me em todas as correntes,
> Para que em meus caminhos não haja espinhos,
> Somente a vitória.
> Laroiê, Exu Amojibá...

PRECE ÀS POMBAGIRAS

Aspecto feminino dos exus, as pombagiras são sensuais, alegres e descontraídas. As pombagiras fazem principalmente magias de amor; também vêem o futuro e fazem ou retiram feitiços. Gostam de ganhar cigarros, flores vermelhas, jóias douradas e licor de anis, que devem ser entregues nas encruzilhadas. Como os exus, usam vermelho e preto, e seu dia é a segunda-feira. Com a introdução no Brasil da festa do Halloween, o Dia das Bruxas da tradição mágica celta, as pombagiras e exus passaram a ser festejados nessa data (31 de outubro).

> Senhora poderosa das encruzilhadas,
> Dama de todos os caminhos,
> Patrona das ruas e da rosa vermelha,
> Moça bonita, que a sua beleza seja
> A beleza dos nossos caminhos,
> E que a sua força seja a força que aniquila
> A força dos nossos inimigos ocultos e declarados.
> Pombagira, que o seu encanto seja
> O encanto dos meus desejos realizados.
> Laroiê Pombagira.
> Laroiê moça bonita.
> Laroiê rosa vermelha da Umbanda.

PRECE AOS PRETOS-VELHOS

A umbanda reverencia os espíritos que se manifestam como antigos escravos que viveram no Brasil, e que adotam os nomes de pretos e pretas-velhas. São os vovôs, vovós, pais, mães, tios e tias que, com a sabedoria e a bondade típicas dos idosos, aconselham os que os procuram, curam seus males por meio de remédios materiais e espirituais, e desfazem os malefícios que obstruem seus caminhos. Os pretos e pretas-velhas, juntamente com os caboclos, são os principais guias (entidades protetoras) do indivíduo, aqueles que, por seu estágio de evolução, podem desempenhar a tarefa de ser seu guia de frente ou anjo da guarda. Suas cores são preto e branco. Seu dia da semana é a sexta-feira. Recebem em jardins, igrejas e encruzilhadas seus presentes prediletos, que são velas e fumo de rolo para seu cachimbo. São festejados no dia da Abolição da Escravatura (13 de maio).

> Meus benditos Pretos e Pretas-velhas,
> Meus santos, guias e espíritos protetores,
> Mestres divinos da Linha das Almas,
> Abençoai esta casa e os meus passos.
> Aplacai as forças dos nossos inimigos.
> Meus queridos Pretos-velhos, que a vossa candura e bondade
> recaia sobre nós como o véu do divino amor.
> Meus Pretos-velhos, dai-nos a fé,
> a esperança e a felicidade.
> Eu adorei as almas...
> Saravá, meus Pretos-velhos...

PRECE AO PAI BENEDITO

Louvado seja Nosso Senhor Jesus Cristo. Louvado seja o Pai Nosso, Criador do Céu e da Terra. Saravá, grande chefe, Pai Benedito. Agô, meu pai. Agô para dirigir-vos esta prece, em nome dos vossos filhos de fé que vêm suplicar vossa proteção na graça de Zâmbi. No pegi da nossa fé, ajoelhamo-nos contritos, implorando malembe para nossos erros. Vós, que tanto sofrestes e nos deixastes o exemplo de vossa fé, de vossa coragem, vós que tivestes o vosso corpo açoitado e derramastes o vosso sangue pela salvação de vossos irmãos e destes a vossa vida em troca de nossa liberdade, vós que tendes o dom

de aplacar a ira dos odiosos e a angústia dos sofredores, vós que tendes o poder de amparar os fracos, vós que sois a glória de nossa glória, protegei-me agora e sempre contra nossos inimigos com a força que emana de Oxalá. Protegei-nos contra a inveja, contra a calúnia, contra as perseguições, contra o despeito e contra os espíritos obsessores que tentam perturbar o nosso bem-estar.
Dai-nos o perdão para as nossas faltas. Suplicamos a vossa proteção porque sois a luz que ilumina os nossos passos; suplicamos o vosso amparo porque sois um discípulo de Jesus Cristo; suplicamos a vossa indulgência porque sois um enviado de Obatalá. A vós, Pai Benedito de Aruanda, endereçamos esta prece, esperançosos de receber de vós e de vossas luminosas falanges o conforto para o nosso espírito, o alívio para os nossos sofrimentos e o auxílio de que tanto necessitamos para cumprir a nossa missão na Terra.
Dai-nos forças para resistir às vicissitudes e aos dissabores. Dai-nos coragem, dai-nos convicção para que possamos enfrentar e vencer as nossas dificuldades. Dai-nos luz, para não nos perdermos nas trevas do pecado, da ambição, da soberba e da avareza. Humildes servos de vossa seara, suplicamos a vós, Pai Benedito de Aruanda: dai-nos forças para continuar a jornada de pensamentos, para que não sejamos atraídos para os caminhos escuros do egoísmo. Esclarecei a nossa mente para compreendermos, em

toda a plenitude, os nossos deveres para com a nossa crença. Afastai do nosso pensamento as tentações que nos atraem para o mal, com ilusões passageiras que poderão causar a nossa própria ruína.

Dai-nos compreensão, dai-nos calma e serenidade para que saibamos viver entre os nossos irmãos, premiando os bons e perdoando os maus. Dai-nos forças para ajudar os fracos e consolar os angustiados. Dai-nos bondade para que possamos distribuí-la entre os nossos irmãos sofredores.

Prometemos cumprir os vossos preceitos e seguir os vossos passos sem temer as pedras e os espinhos...

Prometemos venerar e respeitar os nossos semelhantes, os nossos pais e os nossos irmãos, amar e amparar os nossos filhos. Na graça de Zâmbi, na graça de Oxalá, na graça de Deus e na graça de seu filho Jesus, saravamos a vós, Pai Benedito, que assim seja! Axé!

ORAÇÃO AOS CABOCLOS

O Povo da Mata inclui os "caboclos de penas", que são os espíritos ancestrais dos índios do Novo Mundo, e os boiadeiros. Austeros e poderosos, os caboclos freqüentemente são os guias de frente de seus protegidos, e são muito eficientes na limpeza espiritual de pessoas e ambientes, na cura de doenças físicas e espirituais, e na proteção contra influências maléficas. Os caboclos de penas usam trajes indígenas, sempre enfeitados com penas em cores variadas, com a predominância de branco, verde, amarelo e vermelho. Os boiadeiros usam trajes de couro. Seu dia da semana é a quinta-feira e eles costumam ser festejados nos dias 24 de junho ou 2 de julho. Recebem nas matas seus presentes prediletos: velas, charutos e frutas.

> Senhor, rogamos graça para este irmão que recebe como padrinho o Caboclo... (nome do caboclo), que se dignou trazer o Vosso facho de luz e dar a... (nome da pessoa) a entrada da Vossa casa, por todas as formas necessárias, de livre e espontânea vontade assumindo a responsabilidade.
> Rogamos a Vós graça para que os caboclos da umbanda continuem servindo seus irmãos da Terra, não distinguindo cor, religião ou classe social.
> Como filho de umbanda, manso e humilde de coração, para alcançar a glória de Vosso reino.

PRECE AO CHEFE BROGOTÁ

Senhor, diante do Tribunal Divino, com humildade e cheio de fé, recorro à Vossa infinita misericórdia, buscando socorro para as minhas horas de sofrimento e aflição. Formulando esta prece do Chefe Brogotá, desejo imensamente ser bom, humilde e sofrer com paciência os resultados dos erros do passado, e recuperar o meu tempo perdido na incúria. Permita ainda, Pai de infinito amor, que me afaste do mal, da maledicência, do ódio e do egoísmo, burilando o meu espírito na prática do bem.
Eu vos peço, meu Deus, meu Pai, minha Luz, permita que o Chefe Brogotá, espírito amigo

de todos os que sofrem, guie os meus passos
e minha vida na seara do espiritismo, para
que eu possa viver na graça de Jesus, fazendo
o bem a todos os que de mim precisarem.

PRECE ÀS ALMAS SANTAS

O Povo do Cemitério inclui todos os espíritos dos mortos. É governado por Omulu e, na quimbanda, é invocado para fazer e anular feitiços. Mas nem sempre as almas são espíritos inferiores: muitas delas têm bastante luz e já passaram por um longo caminho de purificação. Sua cor é o branco. Seu dia da semana é a segunda-feira. As almas recebem velas acesas no cruzeiro do cemitério ou nas igrejas, e são reverenciadas no Dia de Finados (2 de novembro).

Esse povo é perigoso, por ser estreitamente ligado à morte, e nunca deve ser atraído para dentro de casa. Por isso, quando quiser fazer um pedido especial às almas, escreva seu desejo em um pedacinho de papel e coloque-o debaixo de um copo com água e sal grosso, ao lado de uma vela acesa, devendo ambos ficar do lado de fora de sua casa. Recite a oração e deixe a vela terminar de queimar, para retirá-la e despachar a água do copo em água corrente. Em casos de grande necessidade ou de difícil solução, repita a oração por nove dias consecutivos.

> Neste instante de fé eu evoco as almas santas e benditas para que me assistam e me ajudem no pedido que vou realizar, inspirando meu pensamento na tríplice luz: Senhor das Graças, Senhor dos Sete Raios Sagrados, Senhor das Sete Esferas Divinas. Almas santas e benditas! Almas evoluídas e purificadas! Atendei o meu pedido! Penetrai

nos locais onde paira o perfume dos três incensos sagrados da Terra Santa! Ponde vossas mãos luminosas sobre a minha cabeça; fazei com que este meu desejo se realize nas forças das almas santas, das almas benditas, das almas purificadas no sofrimento do cativeiro! Senhor dos Espaços, dai aos meus pensamentos a doce suavidade da luz divina, para que meu coração seja envolvido com a certeza da Vossa presença. Revelai a Vossa imagem sagrada, para que eu Vos possa fixar em minha mente com veneração, e para que eu possa vencer os obstáculos que venham a surgir na realização deste pedido que faço às almas santas e benditas.

Inspirai-me dentro da justiça e da verdade, e que esta prece seja ouvida pelas santas almas, a fim de que eu consiga obter o que desejo, neste instante em que elevo meu pensamento ao Todo-Poderoso e acendo esta vela para as almas.

PEDIDO ÀS CORRENTES MÉDICAS

O Povo do Oriente engloba entidades altamente evoluídas, que se manifestam como espíritos que viveram em diferentes partes do mundo. São hindus, chineses, europeus, astecas, incas, egípcios, persas, ciganos. São sábios, cientistas e magos. Dedicam-se à clarividência, à cura espiritual e à alta magia. Gostam de cores variegadas, sempre claras. Seu dia da semana é o domingo. Recebem flores e frutas em praias, campos e jardins. O grupo mais conhecido e reverenciado dentro dessa linha é o Povo Cigano, que chegou a ter um culto próprio, desvinculado da liturgia geral da umbanda. Magos e curadores, os ciganos e ciganas do espaço acompanham e protegem os fiéis, dando-lhes intuição, curando, protegendo e realizando seus pedidos. Os espíritos ciganos têm sua festa nos dias da padroeira dos ciganos do mundo inteiro, Santa Sara (25 de maio), e da padroeira dos ciganos no Brasil, Nossa Senhora Aparecida (12 de outubro).

Outro grupo importante é o das entidades médicas, dedicadas à cura espiritual. Se você sofre de alguma doença e sente necessidade de uma ajuda espiritual para curar-se, proceda da seguinte forma: todas as noites, ao deitar para dormir, coloque junto à cabeceira da cama um copo com água filtrada e recite esta prece, com a mente dirigida aos guias espirituais.

> Peço aos guias e mentores espirituais, principalmente aos integrantes da corrente médica do espaço, que coloquem nesta água os fluidos astrais magnéticos de que preciso para curar a doença existente em meu corpo físico. Reconhecendo que sou merecedor dessa moléstia, por culpa exclusivamente minha, pois Deus não castiga sem que se haja desobedecido Suas sábias e justas leis, sei que devo tê-la criado em decorrência de imperfeição moral, fruto de condicionamento psíquico de outras vidas ou de excessos prejudiciais, conscientes ou inconscientes, praticados nesta existência, por fraqueza ou ignorância espiritual, em prazeres e extravagâncias mundanas. Sendo este meu pedido tido como um arrependimento sincero diante de Deus, pretendo assim ter a Sua be-

nevolência e a conseqüente atenuação dos
efeitos mórbidos para, com mais saúde e
vitalidade, procurar estar em harmonia com
as leis divinas, das quais estive afastado pela
incompreensão, perdoável, no entanto, pela
bondade do Criador.

A seguir, durma. No dia seguinte, ao acordar, pelo menos 15 minutos antes de tomar o café da manhã, beba a água, com o pensamento firme na cura. Esta virá pouco a pouco, sendo sensível ao cabo de algumas semanas.

PRECE A BEZERRA DE MENEZES

Adolfo Bezerra de Menezes Cavalcanti nasceu no Ceará, a 29 de agosto de 1831. Era filho de um rico criador de gado, que perdeu todos os bens. Desejando estudar medicina, Adolfo emigrou em 1852 para o Rio de Janeiro, onde passou a residir desde então. Logo depois de formado, tornou-se médico do exército, embora continuasse exercendo a profissão particularmente, atividade na qual se destacou pela caridade com que atendia os pobres. Seguiu também a carreira política, elegendo-se deputado pelo Partido Liberal em 1867, e à atividade empresarial: criou a Companhia da Estrada de Ferro de Macaé a Campos; promoveu a construção da ferrovia de Santo Antônio de Pádua (ambas no atual Estado do Rio de Janeiro); foi um dos diretores da Companhia Arquitetônica que, em 1872, abriu o "Boulevard 28 de Setembro", no bairro de Vila Isabel (Rio de Janeiro); e foi presidente da Companhia Carril de São Cristóvão. Em 1886, converteu-se ao espiritismo, e desde então passou a tratar seus pacientes de acordo com a orientação dos espíritos; mais tarde estudou homeopatia, que era alvo da simpatia dos espíritas no Brasil e na Europa. Bezerra de Menezes escreveu uma longa série de artigos de propaganda da religião recentemente criada na França por Allan Kardec, além de participar ativamente das atividades das sociedades espíritas que já existiam na cidade. Em 1894, tornou-se presidente da Federação Espírita Brasileira. Morreu no dia 11 de abril de 1900, em conseqüência de um derrame cerebral. Os espíritas o reverenciam como um grande guia, e Bezerra de Menezes foi adotado como patrono de diversas instituições de caridade espíritas, ligadas à saúde e à educação.

> Nós Te rogamos, Pai de infinita bondade e justiça, as graças de Jesus Cristo, através de Bezerra de Menezes e suas legiões de companheiros. Que eles nos assistam, Senhor, consolando os aflitos, curando aqueles que se tornem merecedores, confortando aqueles que tiverem suas provas e expiações a passar, esclarecendo aos que desejarem conhecer, e assistindo a todos quantos apelam ao Teu infinito amor.
> Jesus, divino portador da graça e da verdade, estende Tuas mãos dadivosas em socorro daqueles que Te conhecem como o Despenseiro fiel e prudente; faze-o, Divino Modelo, através de Tuas legiões consoladoras, de Teus santos espíritos, a fim de que a fé se eleve, a esperança aumente, a bondade se expanda e o amor triunfe sobre todas as coisas.
> Bezerra de Menezes, apóstolo do bem e da paz, amigo dos humildes e dos enfermos, movimenta as tuas falanges amigas em be-

nefício daqueles que sofrem, seja de males físicos ou espirituais. Santos espíritos, dignos obreiros do Senhor, derramai as graças e as curas sobre a humanidade sofredora, a fim de que as criaturas se tornem amigas da paz e do conhecimento, da harmonia e do perdão, semeando pelo mundo os divinos exemplos de Jesus Cristo.

Preces contra inimigos e espíritos perturbadores

Este capítulo contém orações de defesa contra inimigos vivos e espirituais. Nesta última categoria incluem-se os espíritos atrasados que ainda sentem prazer em fazer o mal, e aqueles que estão confusos e presos à vida terrena, sem perceber que já desencarnaram. Os dois tipos, embora tenham motivações diferentes, precisam do mesmo tipo de tratamento espiritual: orações que peçam aos espíritos de luz que venham até eles e os coloquem no caminho correto da evolução, fazendo-os libertar-se das correntes que os prendem à vida terrena.

ORAÇÃO PARA AFASTAR MAUS ESPÍRITOS

Em nome de Deus Todo-Poderoso, afastem-se de mim os maus espíritos, servindo-me os bons de defesa contra eles.
Espíritos malfazejos, que inspirais maus pensamentos aos homens; espíritos velhacos e mentirosos, que os enganais; espíritos zombeteiros, que vos divertis com a credulidade deles, eu vos repito com todas as forças de minha alma e fecho os ouvidos às vossas sugestões; mas imploro para vós a misericórdia de Deus.

Bons espíritos que vos dignais assistir-me, dai-me a força de resistir à influência dos espíritos maus e as luzes de que necessito para não ser vítima de suas tramas. Preservai-me do orgulho e da presunção; isentai o meu coração do ciúme, do ódio, da malevolência, de todo sentimento contrário à caridade, que são outras tantas portas abertas ao espírito do mal.

PRECE POR UM OBSESSOR

Esta prece deve ser dita na presença do irmão atormentado, porém, como se estivesse, primeiramente, dirigindo-se a Deus, e depois ao espírito obsessor.

Deus! Permiti que o espírito que obseda o nosso irmão (ou irmã) se aperceba de que deixou a vida terrestre para entrar na vida espiritual. Que ele compreenda que, neste novo estado, deverá cedo ou tarde abandonar os hábitos e as vaidades do mundo que acaba de deixar, assim como todo o desejo de domínio ou de posse material.
Agir de outro modo seria permanecer nas trevas da erraticidade, onde as tentações da Terra lhe seriam um verdadeiro suplício.

Dirigindo-se agora ao espírito:

Se é um amor apaixonado e intransigente que te liga aos seres e às coisas do plano terrestre, que saibas bem, amigo que me ouves, que a tua ignorância e a tua teimosia, embora bem intencionadas, te serão mais perniciosas do que o abandono delas.

Para a tua felicidade pessoal, eleva-te rumo às esferas superiores, onde adquirirás a luz e a sabedoria que te transformarão em um conselheiro esclarecido e devotado.

Escuta as vozes dos que já atingiram os cumes da espiritualidade, e voltarás então para nós engrandecido e purificado, a fim de nos ajudar a subir a rude escada da vida.

Mas se te voltas contra os teus irmãos humanos, para saciar os teus rancores e ódios, então, amigo, toma cuidado porque desencadearás sobre ti mesmo o ressentimento de outros seres inferiores que não concedem o perdão das ofensas, e te ligarás por numerosos anos aos sofrimentos.

Observa o teu passado. É ele isento de faltas iguais às do irmão que persegues, faltas que te seriam também censuradas? A hora da tua volta à vida terrestre talvez não demore a soar. Vê as provações que te aguardam se persistires no mal.

Amigo, eleva o teu olhar para o Alto. É tempo de refletir. Compreende que é belo e grandioso perdoar, praticar o bem. Compreende a tua nova vida e abandona de uma vez por todas aquele a quem persegues com os teus fluidos pesados e pensamentos nefastos. Afasta-te por um tempo dos que partilham dos teus erros, ilusões e fanatismo. Fecha os ouvidos aos seus sofismas e às suas zombarias. Um dia chegará, como o teu, em que eles se prosternarão diante de Deus e lhe implorarão clemência.

Pensa naqueles que amaste, que sempre foram bons, e verás que eles correrão ao teu encontro para te ajudar a levantar o véu que te oculta ainda os esplendores da vida do Além. Afasta-te de quem persegues, a fim de que, não tendo mais diante de teus olhos a lembrança de teus erros, não vejas mais a causa de tua queda.

Ora a Deus com sinceridade para que Ele te dê um amigo certo, um guia esclarecido, que te estenderá a mão para te conduzir ao caminho da felicidade.

Esperamos, amigo, que estes pensamentos, que te foram dirigidos com todo o nosso coração, não tenham sido formulados em vão e que um dia, regenerado, voltes a nós para nos contar a tua alegria por nos ter escutado. Que a luz divina desça sobre ti.

ORAÇÃO PARA PROTEGER-NOS DE QUEM FAZ O MAL

Eu, coberto com o manto de Nossa Senhora da Guia, andarei, não andarei, meus inimigos encontrarei, mal não me farão, nem eu lhes farei, andarei, não andarei, um Cruzeiro encontrarei; foi o anjo São Gabriel que encontrou com Nossa Senhora e a saudou rezando a Ave-Maria. O braço do Onipotente decaia sobre quem me queira fazer mal, que fique imóvel como pedra, enquanto eu, triste pecador, faço e ando em serviço de Deus nosso Senhor. Amém.

ORAÇÃO PARA ENCONTRAR ALGUÉM QUE TENHA FEITO MAL

Esta oração poderosíssima é usada pelos caçadores de criminosos no Nordeste do Brasil. Dizem ser de grande eficácia na busca de um malfeitor. Ao recitá-la, acenda uma vela branca.

> Junte nove almas, três queimadas, três enforcadas e três afogadas e vão elas onde... (dizer o nome ou outro meio de identificação da pessoa procurada) está. Se estiver dormindo, três abalos bem fortes no coração receberá. Se estiver comendo, não comerá. Enquanto ao lugar em que ele estiver eu não chegar, sossego de espírito ele não terá. Quero que vão já, já, já. Que ele não possa fugir e nem se esconder e se eu não puder encontrar no lugar onde está, que venha a mim empurrado pelas almas que mando lá. Quero que vão já, já, já.

Preces para rituais e benzeduras

Fazem parte dos preceitos da umbanda alguns rituais de purificação, proteção e cura, que devem ser realizados com regularidade por todos os fiéis, por conta própria, sem esperar a ida a um templo para fazê-los.

PRECE PARA BANHO DE DESCARGA

O banho com ervas, resinas e aromas que atraem as energias das entidades de luz é um dos preceitos mais importantes. Ele deve ser tomado com regularidade, pelo menos uma vez por semana, de preferência no dia dedicado ao orixá de frente da pessoa. O banho deve ser preparado de acordo com a orientação dos guias, que indicarão quais ervas são mais adequadas para cada um. Entretanto, um indivíduo pode fazer um banho simples, com sal grosso, arruda e guiné, que serve para os filhos de qualquer orixá. Antes de realizar o ritual, é necessário tomar um banho de limpeza corporal comum, inclusive lavando a cabeça. A seguir, o fiel deve acender uma vela para seu anjo da guarda, tomando então seu banho com muita concentração, e recitando uma oração como a que é aqui apresentada. O líquido não deve ser enxugado do corpo; ele deve secar naturalmente. Os resíduos das ervas devem ser despachados em um campo ou jardim, e o local do banho deve ser imediatamente lavado, para evitar que outra pessoa, ali pisando, absorva os maus fluidos arrastados pela água.

> Com os poderes dos Senhores Mestres de todos os mundos, e de meus orixás (cite os nomes de seus guias), lavo-me com este poderoso banho, para que fiquem, meu corpo e espírito, limpos como o mais puro e radioso cristal.
> Contra mim não prevalecerão as insídias do maligno. Terei paz, bem-estar e tranqüilidade; oportunidades me surgirão e no meu lar há de reinar a paz prometida.

PRECE PARA DEFUMAÇÃO - 1

A defumação é um ritual básico de limpeza e harmonização do ambiente, que deve ser executado sempre como preparação para uma cerimônia religiosa, e periodicamente para proteger a moradia do fiel. Existem compostos prontos para defumação, que contêm as ervas e resinas adequadas para atrair as energias espirituais indicadas em suas instruções. A defumação deve ser feita em todos os cômodos da casa, sendo que a de limpeza é passada dos fundos para a frente, termina de queimar fora da porta de entrada e, daí, tem as cinzas despachadas longe de casa. Já a defumação, para atrair prosperidade, saúde etc., deve ser passada da frente para os fundos, terminando de queimar dentro de casa; e suas cinzas podem ser colocadas no vaso de uma planta.

A defumação deve ser executada com muita concentração e acompanhada por uma oração como as apresentadas a seguir.

Defumo minha casa, meu corpo e meu espírito, caminhos e todo lugar por onde eu andar com este defumador com que Cristo foi defumado. Para perfumar meu corpo e livrar-me das cargas fluídicas de meus inimigos, visíveis e invisíveis. Assim serei livre de todos os perigos, em nome da trindade Jesus, Maria e José.

PRECE PARA DEFUMAÇÃO - 2

Com este defumador limpo minha casa e meu corpo físico e astral, para que fiquem puros e protegidos contra os fluidos, influências e intereferências malignas. Que sobre ele não prevaleçam a inveja, o ciúme, o mau-olhado, o ódio ou quaisquer outros malefícios de pessoas más; que dele se afastem as entidades indesejáveis, espíritos maus ou obsessores que pretendam fazer-me mal. Que nesta casa entre a sorte, a saúde, e meus caminhos sejam abertos para a minha felicidade, sob a proteção dos meus guias.

PRECE PARA DEFUMAÇÃO - 3

Defumo a minha casa em louvor a Deus e ao Santíssimo Sacramento. Que todo mal saia por esta porta. Se forem assim como são as três pessoas da Santíssima Trindade, que haja justiça para quem me botou este mal; em louvor de Deus e do Santíssimo Sacramento, entre toda a fortuna por esta porta.

ORAÇÃO PARA FLUIDIFICAR A ÁGUA

A água fluidificada, ou seja, energizada pelas forças espirituais, é um poderoso agente de cura. Para obtê-la, pegue um recipiente de vidro transparente (copo, jarra, garrafa) e encha-o com água pura, se possível coletada em fonte, rio, lago, cachoeira, poço, ribeirão ou mina, desde que não sejam poluídos. Se isso não for possível, use água do filtro de sua casa. Coloque essa água no sereno durante uma noite, deixando o recipiente destapado. Ao colocá-la no lugar escolhido, recite esta oração. Recolha o recipiente no dia seguinte, antes do aparecimento do sol. Se não puder ou não quiser fazer isso, leve o recipiente com a água a uma sessão umbandista, e recite a prece durante a mesma.

> Ó espíritos iluminados, guias e protetores, mentores e instrutores do Espaço, encantados e almas boas, peço-vos que imanteis esta água, com substâncias vibratórias salutares, para que se torne fluidificada e plena de magnetismo curativo, podendo revitalizar e recarregar meu organismo e de outras pessoas doentes e fracas, curando-nos de enfermidades e dando-nos vitalidade, força e disposição de que carecemos para realizar trabalhos e atividades normais, donde tiramos nosso sustento e o de nossos familiares, devolvendo-nos a saúde. Que Deus Pai os recompense por mais esta caridade.

ORAÇÃO CONTRA QUEBRANTO

O quebranto é um estado de fraqueza e desânimo provocado por um malefício enviado contra a pessoa. É um dos principais problemas para os quais se busca o auxílio das benzedeiras. Para afastar o quebranto, põe-se a mão direita sobre o coração da pessoa doente, pronunciando as palavras que se seguem.

> Jesus! O nome de Jesus me ajuda: onde eu puser a mão, ponha Deus a Sua santa virtude. Cristo vive, Cristo reina, Cristo te ilumine, Cristo te defenda de todo o mau ar. Aleluia, aleluia, aleluia.
> Nosso Senhor perguntou, tu de que tratas Maria, eu trato do entisicado e da apoplexia, gota coral e de todo mau ar, e se esta criatura tiver alguma destas coisas, que se vá como as areias no rio vão parar, porque eu tiro-lhe pela cabeça. Senhora Santa Teresa, eu tiro-lhe pela banda. Senhora Sant' Ana, eu tiro-lhe pela frente. Senhor São Vicente, eu tiro-lhe por trás. Senhor São Brás, eu tiro-lhe pelo fundo, e Nosso Senhor por todo mundo.

Rezar um Pai-Nosso e uma Ave-Maria.

ORAÇÃO CONTRA MAU-OLHADO - 1

O mau-olhado é um malefício enviado pelas pessoas que são portadoras de "olho grande". Nem sempre esse mal é feito conscientemente: a maioria das pessoas que sofrem deste problema não percebe o mal que estão causando aos outros. A vítima de mau-olhado pode apresentar os mais variados tipos de problemas, desde doenças impossíveis de diagnosticar e tratar, até dificuldades na vida cotidiana. O modo de anular o mau-olhado é benzer a pessoa. Isso é feito recitando uma oração adequada, enquanto encruza (traça cruzes) repetidamente a pessoa com ramos de arruda ou de outra erva purificadora. A seguir são apresentadas algumas orações adequadas para esse benzimento.

> Leva o que trouxeste,
> Deus me benza com a Sua santíssima Cruz,
> Deus me defenda dos teus olhos
> e de todo mal que me quiseres.
> Tu és ferro e eu sou aço.
> És o demônio, e eu te embaraço.
> Em nome do Pai, do Filho e do Espírito Santo.

ORAÇÃO CONTRA MAU-OLHADO - 2

A cruz de Jesus foi feita em mim
para afugentar meus inimigos, minhas inimigas,
para bem longe de mim.
Quando eu morrer, Deus responde por mim.
Pisei os pés na terra com a alma em dia,
com amparo de Deus e da Virgem Maria.
A terra treme, a cruz treme, mas não treme
Jesus. Assim como a terra treme e a cruz
treme, e não treme Jesus, assim não tremeria eu, nem de armas, feitiçarias, espírito
perverso no meu corpo não entraria, nem
arma, nem feitiçaria, de renunciar sala escura, onde foi feita a cadeia para prender
Satanás e as más obras do Satanás.
O anjo da guarda há de me guardar
da noite pro dia e toda hora que eu andar a
Virgem Santíssima que me ilumina

com três velas acesas e sete anjos da guia para me ajudar.

ORAÇÃO CONTRA MAU-OLHADO - 3

Fulano(a) (dizer o nome da pessoa), se foi mulher, se foi moça, ou se foi velha ou se foi menino que te botou olhado no teu cabelo, nos teus olhos, na tua boniteza, na tua feiúra, na tua magreza, nos teus braços, nas tuas pernas, na tua esperteza. Para que não me dissesse que eu te curaria com os poderes de Deus e da Virgem Maria, com um Pai-Nosso e uma Ave-Maria.
Fulano(a) (dizer o nome da pessoa), Deus te fez, Deus te criou, Deus acanhe quem te acanhou. Olhado vivo, olhado morto, olhado excomungado, vai-te para as ondas do mar sagrado.

Rezar três Pai-Nossos e três Ave-Marias.

ORAÇÃO CONTRA MAU-OLHADO - 4

Deus te fez, Deus te criou, Deus tire o mal que no teu corpo entrou. Em louvor de São Pedra e São Paulo, que tire esse mau-olhado. Assim como Deus fez o mar sagrado, assim ele tire este mau-olhado. Assim como Nosso Senhor foi nascido em Belém, e crucificado em Jerusalém, assim vá o mal desta criatura se por acaso o tem.

Rezar o Pai-Nosso e a Ave-Maria, nove vezes.

ORAÇÃO CONTRA MAU-OLHADO - 5

Senhor São João, Senhora Santa Isabel Coroada desceu do seu fino trono com seus santos para poder curar Fulano(a) (dizer o nome da pessoa) de quebrantos e olhados que lhe botaram.

Se foi na boniteza, se foi no olhar, se foi nas carnes, se foi no andar, se foi nos cabelos, se foi na simpatia, se foi na limpeza, se foi na bondade, se foi nos negócios, se foi nos interesses, com dois te botaram, com três eu te tiro, olhado maldito saia daqui, que a cruz de Deus anda sobre ti. Senhor São José, Santo Antônio muito amado e Santa Isabel Coroada, retirem do corpo de Fulano(a) (dizer o nome da pessoa), quebrantos e olhados.

Rezar um Pai-Nosso e uma Ave-Maria.

ORAÇÃO CONTRA MAU-OLHADO - 6

A finalidade desta oração é ajudar as pessoas que são portadoras de olho grande, para que elas deixem de, inconscientemente, prejudicar outros seres vivos.

Com dois te botaram, com quatro eu te tiro, com dois olhos de Nosso Senhor Jesus Cristo, dois olhos de São João, sai olhado maldito, vai-te para as ondas do mar sagrado, com os poderes de Jesus, José e Maria, que Deus pode com tudo, olho mau com nada pode, corpo maldito para todo sempre. Amém.

Rezar um Pai-Nosso e uma Ave-Maria em intenção de quem botou o mau-olhado, e outras tantas orações em intenção de São João e Jesus Cristo, para afastar o olhado dos seus olhos.

ORAÇÃO CONTRA MAU-OLHADO E QUEBRANTO

Fazer o sinal da cruz.

Deus, atendei ao meu pedido, vinde em meu socorro, vinde ajudar-me. Confundidos sejam os que buscam a minha alma.

Fazer o sinal da cruz.

Voltem atrás e sejam envergonhados os que me desejam males. Voltem-se logo cheios de confusão os que me dizem: "Bem, bem."

Fazer o sinal da cruz.

Mas eu sou pobre e necessitado, Senhor Deus, socorrei-me.

Fazer o sinal da cruz.

Vós sois o meu favorecedor e o meu libertador, Senhor Deus, não vos demoreis. Glória ao Pai, ao Filho e ao Espírito Santo.
Glorioso São Sebastião e São Jorge, São Lázaro e São Roque, São Benedito, Santos Cosme e Damião, todos vós, bem-aventurados santos que curais e aliviais os enfermos, intercedei junto ao Senhor Deus pelo(a) seu(sua) servo(a) (dizer o nome da pessoa).

Vinde, gloriosos santos, em meu auxílio. Fechem-se os olhos malignos, emudeçam as bocas maldosas, fujam os maus pensamentos e desejos.

Traçar uma cruz com o crucifixo.

Por esta Cruz será... (dizer o nome da pessoa) defendido(a).

Traçar uma cruz com o crucifixo.

Por esta Cruz será... (dizer o nome da pessoa) livre.

Traçar uma cruz com o crucifixo.

Por esta Cruz será... (dizer o nome da pessoa) curado(a).
Louvado seja Nosso Senhor Jesus Cristo. Para sempre seja louvado.

Rezar um Pai-Nosso e três Ave-Marias.

PRECE PARA BENZIMENTO

Contra eczemas, cobreiros, erisipelas e infecções da pele, em si mesmo ou em outra pessoa, pegue um galho verde de pimenteira brava e, agitando-o no ar sobre as partes afetadas, benza o doente (ou a si mesmo), recitando a seguinte oração:

Tudo no Universo é energia, movimento, força e vibração. Mas só Deus é poder. E pela harmonia de Suas inteligentes e sábias leis, que tudo prevêem e provêem, benzo-me (ou a este irmão [â]) com este vegetal tóxico, a fim de que, através de seus impactos magnéticos e vigorosos, se desintegrem os fluidos virulentos que alimentam os germes infecciosos da moléstia para a qual é dirigido. Pela fé que possuo em Deus; pela confiança que deposito nos mentores espirituais; pela crença que alimento nos guias e protetores, tenho certeza de que hei de conseguir a cura, tão logo seque este galho com o qual chicoteio os vírus etéricos causadores da doença, jogando-lhes fluidos dispersivos para que a contraparte imaterial se dissolva e assim fique livre deste mal inconveniente e doloroso.

A seguir, enterre (ou mande enterrar) o galho. À medida que ele for secando, a doença também irá sarando.

Preces de cura

Muitas pessoas procuram templos e praticantes de umbanda em busca da cura de algum tipo de mal do corpo ou do espírito. É importante lembrar, entretanto, que a oração e o trabalho espiritual dos guias não são uma prática mágica que irá eliminar o problema sem que a pessoa faça qualquer esforço a respeito. O velho ditado diz: "Ajuda-te, e Deus te ajudará."

Ao desejar e buscar o apoio de uma entidade, pense primeiro na possibilidade de que o mal presente seja uma conseqüência de atos passados. Se estes forem simples maus hábitos adquiridos em sua vida atual, tenha em mente que precisará corrigi-los para que o auxílio espiritual seja eficiente. Se forem resultado de dívidas cármicas, vindas de outras encarnações, faça todos os esforços para corrigir as manifestações físicas do mal, mas procure orientação espiritual para pagar seus débitos e avançar na senda da evolução.

Muitas vezes, uma doença ou dificuldade extremamente grave, que parece ser insuperável e cuja solução não está em nossas mãos, leva-nos ao desespero e ao abandono da luta. A religião, encarada de forma correta, oferece-nos uma grande lição para esses momentos: mais que uma solução mágica para os problemas, os santos e as entidades nos dão o apoio e a força necessária para que carreguemos nosso fardo sem desanimar, para que lutemos com vigor, pois mesmo no caso de uma doença incurável ou de uma perda irreversível, seremos vitoriosos se nos mantivermos de pé até o último instante, sem desistir da vida que Deus nos deu e sem amaldiçoar as provações que recebemos para nosso bem espiritual maior.

Dito isso, entretanto, será legítimo buscar todos os recursos materiais e espirituais que pudermos alcançar, para corrigir o mal que nos aflige, pois, Deus deu esses dons aos viventes e aos espíritos, para que eles fossem usados em benefício de todos.

PRECE POR ALGUÉM EM DESESPERO

Para ser feita na presença da pessoa atingida pela desdita.

> Senhor, a tua bondade não tem limites; tomo a liberdade de abusar dela para interceder em favor deste(a) pobre companheiro(a) de jornada, que se encontra em situação menos feliz. Que a tua compaixão suavize o desespero desta criatura, pois nem ao menos tem forças para recorrer à tua infinita benevolência. Que este meu pedido em forma de prece tenha o condão de lenir-lhe o sofrimento.
>
> Dá-lhe, Pai, paciência e resignação para compreender a condição de devedor e suportar o fardo benéfico que lhe é imposto para pagamento de dívidas anteriores, e desse modo sair mais confortado do doloroso transe por que vem passando, sem perder a fé em Ti, sem perder a esperança de uma situação melhor no futuro. Que esta oração

lhe traga relativo alívio às dores morais e físicas que não pode suportar, ou então lhe aumente as forças de que necessita para resistir às amarguras por ele(a) mesmo(a) criadas.

Deus, suplico a Tua benevolência no sentido de autorizar os bons espíritos a ajudá-lo(a) a carregar a pesada cruz que tem nos ombros, e serenamente caminhar em direção ao calvário, para redenção de suas próprias culpas.

Consinta, Senhor, nem que seja breve esse descanso, que tenha um pouco de paz. Talvez nessa pausa reconfortante, ele(a) medite sobre o benefício que essas dores lhe trarão e obtenha as forças necessárias ao resgate final de suas dívidas.

PRECE POR UM DOENTE

Faça o doente sentar à sua frente e concentrar-se. Levante ambos os braços (os seus próprios, não os do doente) por cerca de trinta segundos. A seguir, baixe-os, de modo que o braço esquerdo caia normalmente ao lado do corpo, enquanto a mão direita é posta sobre a cabeça do enfermo, sem tocá-la. Diga então a prece.

Meu Deus, em Vossa grande sabedoria, deixastes que este irmão fosse atingido pela enfermidade. Permiti agora que os espíritos superiores o cerquem com os seus fluidos reparadores, apontem-lhe o caminho que ele deve seguir e lhe dêem forças para esquecer as queixas que o próximo possa ter contra ele. Permiti, outrossim, que eu seja o instrumento de Vossa divina misericórdia, e

fazei com que, com o auxílio de meu guia
espiritual, possa colocar um lenitivo na dor
de Vosso(a) humilde filho(a).
Guiai minha mão para que ela lance sobre o
organismo enfermo deste(a) nosso(a) irmão(ã)
fluidos revitalizantes e restauradores.

Espere em silêncio por cerca de um minuto, mantendo a mão sobre a cabeça do paciente. Findo esse tempo, faça o agradecimento.

Eu Vos agradeço, meu Deus, por terdes permitido aos bons espíritos e ao meu guia espiritual lançar sobre este(a) irmão(ã) fluidos reparadores.
Que o auxílio espiritual continue a dar-lhe coragem e paciência de que tem necessidade para suportar a sua provação. Que assim seja.

ORAÇÃO DE CURA

Esta prece deve ser recitada pelo doente, diariamente, concentrando-se no pedido que está fazendo.

Teu nome é minha Cura, ó meu Deus, e
lembrar-me de Ti é meu remédio. Tua proximidade é minha esperança, e o amor que te
dedico, meu companheiro. Tua misericórdia por mim é minha cura e meu socorro,
tanto neste mundo como no mundo vindouro. Tu, em verdade, és o Todo Generoso, o
Onisciente, a Suprema Sabedoria.

ORAÇÃO PARA CURAR TODAS AS MOLÉSTIAS

Fazer o sinal da cruz.

Em nome do Pai, do Filho e do Espírito Santo, amém. Jesus, Maria e José.
Eu, (dizer o próprio nome), como criatura de Deus, feito à sua semelhança e remido com o seu sangue, ponho preceitos aos teus padecimentos, assim como Jesus Cristo aos enfermos da Terra Santa e aos paralíticos de Sidonia, pois assim eu, (dizer o próprio nome), vos peço, Senhor meu Jesus Cristo, que Vos compadeçais deste Vosso servo (dizer o nome do doente); não o deixeis, Senhor, sofrer mais as atribulações da vida. Lançai antes sobre este Vosso servo a Vossa santíssima bênção e eu, (dizer o próprio nome), direi com autorização do seu e meu Senhor que cessem os seus padecimentos.
Amabilíssimo Senhor Jesus, verdadeiro Deus, que do seio do Eterno Onipotente fostes mandado ao mundo para absolver os pecados, absolvei, Senhor, os que esta miserável criatura tem cometido; Vós que fostes mandado ao mundo para remir os aflitos, soltar os encarcerados, congregar os vagabundos, conduzir para sua pátria os peregrinos; pois eu, (dizer o próprio nome), Vos suplico, Senhor, que conduzais este enfermo ao caminho da salvação e da saúde, porque está verdadeiramente arrependido. Consolai, Senhor, os oprimidos e atribulados, dignai-Vos livrar este servo desta moléstia de que

está padecendo, da aflição e atribulação em que o vejo, porque Vós recebestes de Deus Pai Todo-Poderoso o gênero humano para o comprardes; e feito homem prodigiosamente, nos comprastes o Paraíso com o Vosso precioso sangue, estabelecendo uma inteira paz entre os anjos e os homens. Assim, pois, dignai-vos, Senhor, estabelecer uma paz entre meus humores e a alma; para que (dizer o nome do doente) e todos nós vivamos com alegria, livres de moléstias, tanto do corpo como da alma. Sim, meu Deus e Senhor Jesus Cristo. Misericórdia sobre (dizer o nome do doente), criatura Vossa, misericórdia sobre mim e sobre todos nós; assim como praticastes com Isaías, tirando-lhe toda a aversão que tinha contra o seu irmão Jacó, estendei, Senhor Jesus Cristo, sobre (dizer o nome do doente), criatura Vossa, o Vosso braço e a Vossa graça, e dignai-Vos livrá-lo de todos os que têm ódio como livrastes Abraão das mãos dos caldeus; seu filho Isaac, da consciência do sacrifício; José, da tirania de seus irmãos; Noé, do dilúvio universal; Loth, do incêndio de Sodoma; Moisés e Abraão, Vossos servos, e o povo de Israel, do poder do faraó e da escravidão no Egito; Davi, das mãos de Saul e do gigante Golias; Suzana, do crime e testemunho falso; Judite, do soberbo e impuro Holofernes; Daniel, da cova dos leões; os três mancebos Sidath, Misath e Abdenago, da fornalha de fogo ardente; Jonas, do ventre da baleia; a filha de Cananéia, da vibração do demônio; Adão, da pena do inferno; Pedra, das ondas do mar, e Paulo, da prisão nos cárceres.

Assim, pois, amabilíssimo Senhor Jesus Cristo, Filho de Deus vivo, atendei também a mim, (dizer o próprio nome), criatura Vossa, e vinde com presteza em meu socorro, pela Vossa encarnação e nascimento; pela fome, pela sede, pelo frio, pelo calor, pelos trabalhos e aflições, pelas salivas e bofetadas; pelos açoites e coroa de espinhos; pelos cravos, fel e vinagre, pela cruel morte que por nós padecestes, pela lança que traspassou o Vosso peito e pelas sete palavras que na cruz dissestes, em primeiro lugar a Deus Pai onipotente: "Perdoai, Senhor, eles não sabem o que fazem." Depois, ao bom ladrão, que estava convosco crucificado: "Digo-te, na verdade, hoje estarás comigo no paraíso." Depois ao Pai: "Heli, Heli, lamma Sabactani?", que quer dizer: "Meu Deus, meu Deus, por que me abandonastes?". Depois à Vossa Mãe: "Mulher, eis aqui o teu filho." Depois ao discípulo: "Eis aqui a tua mãe", mostrando que cuidavas de teus amigos. Depois dissestes: "Tenho sede", porque desejavas a nossa salvação e das almas que estavam no limbo. Dissestes depois a Vosso Pai: "Nas vossas mãos encomendo meu espírito." E por último exclamastes: "Está tudo consumado!", porque estavam concluídos todos os Vossos trabalhos e dores.

Dignai-vos, pois, Senhor, que desde esta hora por diante jamais esta criatura, (dizer o nome do doente), sofra desta moléstia que tanto o mortifica, pois Vos rogo por estas coisas e pela Vossa descida no limbo, pela Vossa ressurreição gloriosa, pelas freqüentes consolações que destes aos Vossos admiráveis discípulos, pela Vossa admirável ascensão, pela vinda do Espírito Santo, pelo tremendo Dia do Juízo, como também por todos os benefícios que tenho recebido da Vossa bondade, porque Vós me criastes do nada, e Vós me concedestes a Vossa santa fé. Por tudo isso, pois, meu Redentor, meu Senhor Jesus Cristo, humildemente Vos peço que lanceis a Vossa bênção sobre esta criatrua enferma.

Sim, meu Deus e meu Senhor, compadecei-vos dela: ó Deus de Abraão, ó Deus de Isaac e de Jacó, compadecei-Vos desta criatura Vossa, (dizer o nome do doente). Mandai para seu socorro o Vosso São Miguel Arcanjo, que lhe dê saúde e a defenda desta miséria da carne e do espírito. E vós, Miguel, Santo Arcanjo de Cristo, que mereceis do Senhor ser bem-aventurado e livrar as criaturas de todo o perigo.

Eis aqui a cruz do Senhor que vence e reina. Ó Salvador do mundo, salvai-o: Salvador do mundo, ajudai-me, Vós, que pelo Vosso Sangue e pela Vossa Cruz me remistes, salvai-nos e curai-nos de todas as moléstias, tanto do corpo como da alma. Eu, (dizer o próprio nome), Vos peço tudo isto por quantos milagres passados destes à Terra enquanto homem. Ó Deus santo! Ó Deus imortal! Tende misericórdia de nós. Cruz de Cristo, salvai-me;

Cruz de Cristo, protegei-me; Cruz de Cristo, defendei-me em nome do Pai, do Filho e do Espírito Santo. Amém.

Dizer, de joelhos, o Credo, o Salve-Rainha e a Ave-Maria.

ORAÇÃO PARA CURAR COM UNÇÃO OU PASSE

Esta oração pode ser recitada em benefício próprio ou de outra pessoa. Ela deve ser feita com muita fé, concentração e confiança, para que funcione. Para realizar a unção, pegue um pedaço de algodão, embeba em azeite de oliva e passe na testa do enfermo (ou na própria testa, se for você mesmo o doente), traçando uma cruz, enquanto repete a oração por três vezes. Se preferir, repita a oração enquanto aplica passes magnéticos no doente. Esta segunda opção só pode ser empregada se você estiver tratando outra pessoa, não a si mesmo.

Unjo-te (me) com óleo, em nome do Pai, do Filho e do Espírito Santo, pedindo a misericórdia de Nosso Senhor Jesus Cristo, para que todas as tuas (minhas) dores e doenças, do corpo e da alma, sejam afastadas, e a bênção da saúde te (me) seja restituída, para poder cumprir tua (minha) missão no trabalho honesto e produtivo.

ORAÇÃO PARA CURAR OUTRAS PESSOAS

Ó Tu, por quem tudo foi feito e por quem tudo será transformado e restituído à Fonte Primitiva, Princípio emanado do Seio Eterno, Alma do Universo, Luz Divina, eu

Te invoco para que me auxilies. Sim, vem,
Fluido Criador, penetrar nos meus sentidos
adormecidos. E vós, mensageiros augustos
do Mais Alto, Anjos de Luz, Espíritos Ce-
lestes, vós todos, Ministros dos intentos do
meu Deus, vinde a mim, eu imploro vossa
proteção. Apressai-vos, vinde esclarecer-me e
guiar-me, vinde levar a Deus minha oração.
Ele conhece os meus desejos. Quero aliviar
meus irmãos e minhas irmãs, fortificá-los,
mantê-los e torná-los justos diante d'Ele.
Eu vos imploro, pelo Filho Único, igual ao
Pai, que reina com o Espírito Santo, na Uni-
dade de um só Deus. Que assim seja.

ORAÇÃO PARA CURAR DOENÇAS DESCONHECIDAS

Em caso de doença grave e desconhecida para a medicina, recorra ao Precioso Sangue de Jesus, recitando esta oração.

Por obra de Deus, este mal desconhecido
sairá deste corpo, cairá por terra como caiu
o Precioso Sangue de Jesus na hora de sua
crucificação.

Enquanto rezar, faça repetidamente o sinal da cruz sobre o corpo do doente com um crucifixo.

ORAÇÃO PARA ABANDONAR UM VÍCIO

Santo Agostinho, bispo de Santa Mônica,
vós que tivestes mocidade muito agitada e
vos convertestes para o caminho do bem e
para meu lado, ensinai-me a evitar o mal e

a querer o bem. Ajudai-me a largar o vício, fazei com que eu deteste toda substância e todo costume que produza vício. Desejo largar para sempre os execrandos hábitos de (cite o seu vício: beber, fumar, usar qualquer tipo de droga, jogar etc.), tornando-me uma criatura equilibrada e sadia. Protegei-me, Santo Agostinho, fazei com que eu despreze as imundícies que vêm dentro das garrafas, as que saem dos cigarros, charutos e cachimbos, e todas as outras que são obras do demônio.

Santo Agostinho, valei-me, amparai-me e socorrei-me.

Preces para fazer pedidos diversos

Em um livro de orações, não poderiam faltar algumas das orações tradicionais recitadas pelo povo para pedir ajuda espiritual na solução de problemas comuns do cotidiano.

ORAÇÃO PARA A HORA DE DORMIR

Esta oração proporciona bem-estar e um bom sono restaurador de energias, além de propiciar uma noite bem dormida e tranqüila.

> Com Deus me deito, com Deus me levanto;
> com a proteção de Jesus e do Espírito Santo;
> que Nossa Senhora me cubra com seu sagrado manto.
> Que neste quarto esteja um anjo em cada canto; peço que minha noite seja bem repousante e calma, para conforto do meu corpo e da minha alma.
> Que os bons espíritos velem e valham por mim, para que eu tenha proteção desde o começo até o fim.
> Que meus sonhos sejam benéficos e guiados por meus guias,
> pois assim acordarei alegre e disposto

em novo dia.
Deito com o pensamento no bem que hoje fiz, para amanhã, de manhã, acordar com meu espírito bastante feliz;
se eu tiver feito algum mal, ato errado ou torto, que no raiar do dia seguinte ele esteja morto, porque Deus, que é Pai, compreende meu erro e na sua infinita bondade não me condenará ao desterro.
O anjo da guarda, que vela por mim neste mundo, me dê esta noite um sono reparador e profundo, para eu adquirir força e energia, porque terei de enfrentar muitos problemas no outro dia;
não só ele, como nossa querida Santa Maria. Pai, Filho e Espírito Santo, a Divina Trindade, protejam-me, dando-me um amanhã de feliz serenidade.
Que São José, com sua devoção a Deus, dê-me muita fé; que nossa amada Santa Maria, como quando teve seu filho primeiro, dê-me muita paz e alegria;
que nosso querido mestre Jesus ilumine minha alma com um pouco de Sua luz.
Pedindo perdão por haver solicitado tanto, torno a repetir: com Deus me deito, com Deus me levanto;
com a proteção de Jesus e do Espírito Santo. Amém.

ORAÇÃO PARA CONSEGUIR UM CASAMENTO

Não são raros os homens que resistem bravamente ao casamento, por mais que amem a namorada. Essa resistência pode ser causada por algum trabalho anterior, feito por outra moça, mas que poderá ser facilmente desfeito através da oração a São Manso.

Você deve rezá-la com fé e abraçada ao retrato da pessoa amada, procurando concentrar-se nela, com toda a força do pensamento.

> Fulano (dizer o nome do amado), São Manso que te amanse para que não comas, bebas ou descanses enquanto não fores meu marido fiel. Inquieto ficarás enquanto não reconheceres que sou a pessoa perfeita para tua vida e tua morte.

Quando terminar a oração, guarde o retrato do namorado embaixo do colchão, e só o retire quando conseguir o que deseja.

ORAÇÃO PARA PEDIR CONSELHO OU ORIENTAÇÃO

Guias espirituais amigos: nesta hora de dúvida e incerteza, dirijo-me a vós, solicitando conselho e orientação sobre como proceder para solucionar o problema que me aflige, referente a... (citar o problema), a fim de não tomar decisão errada que venha a ser motivo de decepção ou arrependimento. Que a orientação que me for dada seja a mais acertada possível para o caso, e não acarrete prejuízos, ofensas ou mágoas a quem quer que seja; se porventura trouxer ressentimentos a alguém, seja por força das circunstâncias ou por culpa do próprio ofendido.

ORAÇÃO PARA PEDIR INSPIRAÇÃO

Peço aos espíritos amigos e simpáticos, principalmente os entendidos no assunto, que me dêem inspiração para iniciar, prosseguir e terminar o trabalho que proponho realizar, relativo a... (descrever o trabalho). Que as idéias aflorem na minha mente em concordância com a tarefa; que influências estranhas não perturbem a disciplina, a ordem e o bom andamento da obra e, ao final, a sua conclusão venha coroar e premiar os esforços que envidei no sentido de idealizar, criar e terminá-la com relativa perfeição, objetivo e utilidade, em benefício das pessoas necessitadas ou interessadas em sua criação.

Orações fortes

As chamadas orações fortes são preces difundidas por todo o país. Pertencem ao devocionário popular e são consideradas extremamente poderosas, verdadeiros recursos de emergência, reservados para quando as invocações comuns não surtem o efeito desejado.

ORAÇÃO ÀS NOVE ALMAS BENDITAS

Esta oração é tradicionalmente usada pelo povo para pedir proteção contra os inimigos.

> Minhas almas santas benditas, aquelas que são de meu Senhor Jesus Cristo, por aquelas três almas que morreram enforcadas, por aquelas três almas que morreram degoladas, e por aquelas três que morreram queimadas, todas três, todas seis, todas nove, vão dar três pancadas e três abalos no coração dos meus inimigos, que ficarão humildes a mim debaixo de uma paz e consolação, a ponto de terem olhos e não me verem, terem pernas e não me alcançarem, e terem braços e não me agarrarem, para sempre, sem fim. Amém.
>
> Rezar três Pai-Nossos e três Ave-Marias.

ORAÇÃO ÀS NOVE ALMAS PENITENTES

Esta oração serve para fazer um pedido relacionado com um caso de amor. Ao recitá-la, você deverá ter na mão uma faca virgem.

> Almas, almas, almas, três que morreram afogadas, três que morreram queimadas, três que morreram arrastadas por mal de amores, juntem-se todas três, todas seis e todas as nove, e abalem o coração de... (nome da pessoa), para que não coma, não beba, não durma, não pare e não tenha sossego em parte alguma sem que fale comigo e esteja em minha companhia.
> Quando ele(a) dormir, acordará pensando em mim, com o poder que tem esta faca (segurar a faca e fingir que vai furar o chão), com o poder que tem este chão, ela não fura o chão, mas que fure o coração de... (nome da pessoa), para que não coma, não beba, não durma, não pare e não sossegue em parte alguma, e sempre esteja em minha companhia e a meu lado.

PAI-NOSSO AO INVERSO

Uma das mais eficazes orações, considerada como oração forte por muitos curandeiros, é o Pai-Nosso recitado de trás para a frente. É usado para satisfazer inúmeros intentos, tais como: amansar inimigos ou livrar-se deles, afastar criaturas indesejáveis, castigar malfeitores etc. Para obter-se um bom resultado, a oração deve ser rezada na presença da pessoa em cuja intenção ela está sendo recitada. Entretanto, a oração deve ser dita por trás dela, ou seja, estando a pessoa de costas para quem reza.

Amém. Mal do livrai-nos mas tentação em cair deixeis nos não e ofendido tem nos quem a ofensas nossas as perdoai-nos hoje, dai nos dia cada de nosso pão. O céu no como terra na assim, vontade vossa a feita seja, reino vosso o nós a venha, nome vosso o seja santificado, céus nos estáis que nosso Pai.

ORAÇÃO ÀS TREZE VIRTUDES

Esta oração é considerada eficaz para a cura de enfermidades e a solução de problemas difíceis. Ela deve ser recitada durante treze dias consecutivos, sempre acendendo uma vela branca na hora de rezar.

Em nome das Treze Virtudes Espirituais, dirijo-me às potências celestiais, para que minha vida seja calma, equilibrada e feliz, a fim de poder cumprir a missão na minha passagem pela Terra, amparando os irmãos ainda mais infelizes, numa verdadeira caridade, virtude que terei por base para solucionar também os problemas que me afligem. Assim, invoco as Treze Virtudes Sagradas, que são:
O Deus único, Consciência Cósmica, criador e alimentador do universo infinito; o casal sagrado, José e Maria, que nos deu o Mestre Jesus, a Luz do Mundo; a Soberana Trindade, Pai, Filho e Espírito Santo, em que se manifesta o Deus Uno; os quatro evangelistas Mateus, Marcos, João e Lucas, que nos legaram o Evangelho do Novo Testamento; as cinco chagas de Nosso Senhor Jesus Cris-

to, que lhe causaram o grande sofrimento na cruz; as seis pontas do Signo de Salomão, símbolo da sabedoria, das ciências ocultas e dos mistérios cabalísticos; os sete selos de João Evangelista, contidos no Apocalipse do Novo Testamento; as oito bem-aventuranças escritas no Sermão da Montanha, ditas por Nosso Senhor Jesus Cristo; os nove meses que Jesus passou no ventre sagrado de Nossa Senhora; os dez mandamentos ditados por Jeová a Moisés, para servir de guia aos homens; as onze mil virgens celestiais que oram pela humanidade; os doze apóstolos que seguiram Jesus na pregação do Evangelho; as treze almas benditas do Purgatório, que ajudam a quem lhes pedir auxílio.

Por essas Treze Virtudes, rogo-lhes amparo para fortalecerem meus gênios protetores, para me guiarem e me iluminarem na resolução do problema particular aflitivo, que me atormenta:... (fazer o pedido, citando o problema).

Agradecendo a solução feliz que for dada ao meu caso, invoco a proteção das Treze Virtudes Sagradas para não mais ser perseguido pela inveja de meus inimigos ou falsos amigos, e peço que me ajudem também na hora do perigo e do sofrimento.

ORAÇÃO DA CABRA-PRETA

"Cruz-Credo!" - exclamam nossos conterrâneos do Nordeste, diante de uma prece como esta da "Cabra-Preta", atribuída a um grande catimbozeiro, que com ela resolvia muitos problemas sentimentais e amorosos, e que depois foi difundida no catimbó e na pajelança. Quem tiver alguma dificuldade amorosa, seja homem ou mulher, pode utilizá-la.

Na hora de recitar a oração, a pessoa deve colocar o pé esquerdo sobre o direito, e deve rezar com fé e concentração.

> Minha Santa Catarina, vou embaixo daquele enforcado e vou tirar um pedaço da corda para prender a cabra-preta, para tirar três litros de leite, para fazer três queijos, para dividir em quatro pedaços: um pedaço para Caifás, um pedaço para Satanás, um pedaço para Ferrabraz, um pedaço para sua Infância - povo de Turumbamba. No campo trinco fecha, trinco abre, cachorro preto ladra, gato preto aparece, cobra preta anda, galo preto já cantou.
> Assim como o trinco fecha, o trinco abre, quero que o coração daquele(a) desgraçado(a) não tenha mais sossego enquanto ele(a) não for meu(minha); que ele(a) fique cheio(a) de coceira, para não gozar nem ser feliz com outra (o) homem (mulher) que não seja eu.

Repita a oração diariamente, até conseguir o que está pedindo.

Preces fúnebres

Como toda religião, a umbanda realiza cerimônias fúnebres para aqueles que faleceram dentro de sua fé. Essas cerimônias são realizadas pelo pai-de-santo (babalaô) e, ao contrário do que pensam algumas pessoas, não exigem que o falecido esteja sendo velado na casa de santo. Como ocorre com todas as religiões, esses ritos podem ser normalmente realizados no cemitério.

ENCOMENDAÇÃO DE MORTOS

O babalaô oficiante deverá estar devidamente uniformizado. Se o ritual for realizado no interior de uma tenda de umbanda, ele determinará que o seu auxiliar ou cambono defume o ambiente e, a seguir, riscará junto de si o ponto de seu pai-de-cabeça. Se o rito for executado no cemitério, isso não será feito. Nos dois casos, entretanto, o babalaô deverá ter uma bandeja com folhas verdes miúdas e pétalas de flores, com que aspergirá o caixão do morto, enquanto recita a oração.

> Vamos praticar o ato de encomendação, em nome da Lei de Umbanda. É do nosso destino nascer, viver e morrer.

O nosso irmão... (o nome do morto) nos precedeu no caminho que teremos de percorrer rumo ao Infinito, para o seio de Zâmbi. Que todas as forças da natureza lhe sejam propícias, acolhedoras e amoráveis, no seu trânsito nos planos subjetivos. Nós suplicamos, a todos os poderes do universo, que facilitem o seu progresso espiritual.
Que o pensamento bom de todas as almas que dele se fizeram amigas, se voltem como um escudo de proteção. Que todas as forças da umbanda, nossos guias espirituais e protetores, o amparem e dirijam para o bem.

PAI-NOSSO AOS MORTOS

Esta oração deve ser recitada no serviço fúnebre de um fiel, no momento de encomendação do corpo do falecido. A cerimônia é dirigida pelo babalaô do templo de umbanda a que o fiel pertença, e pode ser realizada na tenda de umbanda, se o velório for feito aí, ou na capela do cemitério onde foi feito o velório, pouco antes do sepultamento.

Pai nosso que estáis nos céus, nos mares, nas matas e em todos os mundos habitados. Santificado seja o Teu Nome, pelos Teus filhos, pela natureza, pelas águas, pela luz e pelo ar que respiramos.
Que o Teu Reino, reino do Bem, do Amor e da Fraternidade, nos una, a todos e a tudo que criaste, em torno da Sagrada Cruz, aos pés do Divino Salvador e Redentor. Que a Tua vontade nos conduza sempre para o

culto do amor e da caridade. Dai-nos hoje e sempre a vontade firme para sermos virtuosos e úteis aos nossos semelhantes. Dai-nos hoje o pão do corpo, o fruto das matas e a água das fontes para o nosso sustento material e espiritual. Perdoa, se merecermos, as nossas faltas, e dá o sublime sentimento do perdão para os que nos ofendam. Não nos deixes sucumbir ante lutas, dissabores, ingratidões, tentações dos maus espíritos e ilusões pecaminosas da matéria. Envia, Pai, um raio da Tua divina complacência, luz e misericórdia para os Teus filhos pecadores que aqui labutam pelo bem da humanidade. Assim seja. Saravá a umbanda!

O babalaô asperge folhas e flores no caixão do morto e diz para finalizar:

Nosso grande Pai Oxalá e nossa Mãe Iemanjá te recebam em paz.

ORAÇÃO AOS DESENCARNADOS

Pai de infinita bondade e amor, dignai-Vos ouvir a prece que Vos dirigimos por este irmão que acabou de desprender-se da matéria, e permiti que ele possa entrever as Vossas divinas luzes, que lhe aclarem o caminho da eterna felicidade.
Consenti, Zâmbi, nosso Deus e Senhor, que os Vossos bons espíritos, se por qualquer circunstância ele não puder ouvir, lhe levem as nossas palavras, pela transmissão de nosso pensamento.

Ouvi as súplicas que Vos dirigimos pela felicidade deste irmão, como prova de nossa afeição, pedindo que o auxilieis a compreender que, apesar de haver deixado o corpo mortal, vive ainda a vida espiritual, que é a verdadeira. Sabemos que esta separação será apenas momentânea porque, por mais longa que nos possa parecer, sua duração se obliterará ante a eternidade das venturas reservadas pelo Pai aos que se arrependem e se corrigem.

Permiti, Zâmbi, em Vossa bondade, que os bons espíritos o preservem de cometer qualquer ato contra as divinas leis.

Amigo(a), como é doce e consoladora a certeza de que, apesar do véu material que te oculta às nossas vistas, podes estar aqui ao nosso lado, ver-nos e ouvir-nos como outrora, pois estamos certos de que não nos esquecerás, como de ti procuraremos sempre nos lembrar, e assim nossos pensamentos não deixarão de se confundir para o nosso mútuo adiantamento. A paz de Zâmbi esteja eternamente contigo, irmão(ã).

Índice

A

Abandonar um vício, oração para: **84**
Afastar maus espíritos, oração para: **57**
Alguém em desespero, prece por: **76**
Almas santas, prece às: **50**
Anjo da guarda de outrem, oração ao: **18**
Anjo da guarda, oração ao: **17**
Ave-Maria: 9

B

Banho de descarga, prece para: **63**
Benzimento, prece para: **72**
Bezerra de Menezes, prece a: **53**

C

Caboclos, oração aos: **48**
Cabra preta, oração da: **95**
Cáritas, prece de: **12**
Chefe Brogotá, prece ao: **49**
Conseguir um casamento, oração para: **89**
Correntes médicas, pedido às: **51**
Credo: 10
Credo umbandista: 11
Cura, oração de: **78**
Curar com unção ou passe, oração para: **83**
Curar doenças desconhecidas, oração para: **84**
Curar outras pessoas, oração para: **83**
Curar todas as moléstias, oração para: **79**

D

Defumação, prece para: **64-65**
Desencarnados, oração aos: **99**
Divina luz, prece à: **13**
Doente, prece por um: **77**

E/F

Encomendação de mortos: 97
Encontrar alguém que tenha feito mal, oração para: **61**
Exu, prece a: **43**
Fluidificar a água, oração para: **66**

G/H/I

Glória-ao-Pai: **10**
Hora de dormir, oração para a: **87**
Iansã, prece a: **35**
Iemanjá, prece a: **32**

M

Mau-olhado e quebranto, oração contra: **71**
Mau-olhado, oração contra: **67- 70**

N

Nanã Buruquê, prece a: **41**
Nosso Senhor do Bonfim, prece ao: **13**
Nove almas benditas, oração às: **91**
Nove almas penitentes, oração às: **92**

O

Obaluaiê-omulu, prece a: **40**
Obsessor, prece por um: **58**
Ogum, prece a: **36**
Orixá Ogum, prece ao poderoso: **37**
Oxalá, prece a: **31**
Oxóssi, prece a: **38**
Oxum, prece a: **39**

P

Pai Benedito, prece ao: **46**
Pai-Nosso: **9**
Pai-Nosso ao inverso: **92**
Pai-Nosso aos mortos: **98**
Pedir conselho ou orientação, oração para: **89**
Pedir inspiração, oração para: **90**
Pombagiras, prece às: **44**
Pretos-velhos, prece aos: **45**
Proteger-nos de quem faz o mal, oração para: **60**

Q/S

Quebranto, oração contra: **67** e **71**
Salve-Rainha: **10**
Santa Filomena, oração a: **28**
Santos curadores, oração aos: **21**
São Cosme e São Damião, oração a: **24**
São João Batista, prece a: **26**
São Jorge, oração a: **22**
São Roberto, oração de: **21**
Sete linhas, oração às: **14**

T/X

Treze virtudes, oração às: **93**
Xangô, oração a: **34**
Xangô, prece a: **33**

Este livro foi impresso em agosto de 2021, na Gráfica Impressul, em Jaraguá do Sul. O papel de miolo é o pólen bold 90g/m2 e o da capa é o cartão 250g/m2.

A família tipográfica utilizada é a CG Ômega.